はしがき

JN076321

― 製品原価の計算を通じて利益を生み出し、
ヒトの幸せを考えられる人をめざす ―

　本書は、公益社団法人全国経理教育協会（いわゆる全経）・簿記能力検定試験（後援：文部科学省・日本簿記学会）１級：原価計算・管理会計の『公式問題集』である。本書と合わせて、別に『公式テキスト』（原価計算・管理会計）が刊行されているので、これも手元に置いて学習されることをお奨めする。

　全経では、近年の経済・経営環境の変化に対応すべく、経営管理の基礎となる簿記ならびに会計の能力水準の見直し作業を行ってきた。直近では、令和６年度（2024年度）より簿記の出題基準が一部改定されることになっている。その詳細は、【令和６年度改定】簿記能力検定試験出題基準および合格者能力水準および【令和６年度】簿記能力検定試験出題範囲に掲載されている。

　本問題集は、既述の『公式テキスト』に沿った形で、練習問題を掲載しているが、本番の試験問題は、おおよそ次のような構成を取っているので、受験にあたって参考にして欲しい。ただし、順番は目安であり、内容も変動する可能性がある。
　　第１問　原価計算・管理会計についての知識を問う問題
　　第２問　仕訳問題
　　第３問　勘定記入の問題
　　第４問　製造原価報告書および損益計算書の作成に関わる問題
　以上により、まんべんなく原価計算・管理会計の能力を判定・評価し、合格者の能力と水準を保証することになる。

　簿記の学習にあっては、繰り返しの練習が不可欠である。本『問題集』により、技能を磨かれ、合格証書を手にされることを祈っている。さらに、製品原価の計算を通じて利益を生み出し、持続可能な社会の基礎を作り、ヒトを幸せにしてほしいと願っている。

　なお、全経には「団体試験制度」があり、大学や高等学校、専門学校など教育機関で受験希望者を一定数集められると、その機関での受験が可能になる。詳しくは、全経事務局（03-3918-6131）に問い合わせて欲しいが、文部科学省の後援を受けているので、大学の授業、ゼミ等でも採用可能である。
　また、採点作業、答案保管などができない場合の相談も受け付けている。

　令和６年３月

元金融庁・公認会計士試験委員
福岡大学教授・博士（経営学）
田坂　公

試　験　日　　年4回（5月、7月、11月、2月）実施
　　　　　　　※5月と11月は上級を除きます。

受験資格　　　男女の別，年齢，学歴，国籍等の制限なく誰でも受けられます。

受 験 料　　上級　　　　　　　　　　　7,800 円　　　2級　商業簿記　　2,200 円
（税込）　　1級　商業簿記・財務会計　2,600 円　　　2級　工業簿記　　2,200 円
　　　　　　　　　原価計算・管理会計　2,600 円　　　3級　商業簿記　　2,000 円
　　　　　　　　　　　　　　　　　　　　　　　　　　　基礎簿記会計　　1,600 円

試験会場　　　本協会加盟校　※試験会場の多くは専門学校となります。

申込方法　　　協会ホームページの申込サイト（https://app.zenkei.or.jp/）にアクセスし，メールアドレスを登録してください。マイページにログインするためのIDとパスワードが発行されます。
　　　　　　　上級受験者は，試験当日，顔写真付の「身分証明書」が必要です。
　　　　　　　マイページの検定実施一覧から検定試験の申し込みを行ってください。2つの級を受けることもできます。
　　　　　　　申し込み後，コンビニ・ペイジー・ネットバンキング・クレジットカード・キャリア決済・プリペイドのいずれかの方法で受験料をお支払ください。受験票をマイページから印刷し試験当日に持参してください。試験実施日の2週間前から印刷が可能です。

試験時間　　　試験時間は試験規則第5条を適用します。開始時間は受験票に記載します。

合格発表　　　試験日から1週間以内にインターネット上のマイページで閲覧できます。ただし，上級については2か月以内とします。※試験会場の学生，生徒の場合，各受付校で発表します。

［受験者への注意］
1．申し込み後の変更，取り消し，返金はできませんのでご注意ください。
2．上級受験者で，「商簿・財務」の科目を受験しなかった場合は「原計・管理」の科目を受験できません。
3．受験者は，試験開始時間の10分前までに入り，受験票を指定の番号席に置き着席してください。
4．解答用紙の記入にあたっては，黒鉛筆または黒シャープペンを使用してください。
　　簿記上，本来赤で記入する箇所も黒で記入してください。
5．計算用具（計算機能のみの電卓またはそろばん）を持参してください。
6．試験は，本協会の規定する方法によって行います。
7．試験会場では試験担当者の指示に従ってください。
　　この検定についての詳細は，本協会又はお近くの本協会加盟校にお尋ねください。

検定や受付校の詳しい最新情報は、
全経ホームページでご覧ください。
「全経」で検索してください。
https://www.zenkei.or.jp/

郵便番号　170-0004
東京都豊島区北大塚1丁目13番12号
公益社団法人　全国経理教育協会
　　　　　TEL　03（3918）6133
　　　　　FAX　03（3918）6196

工業簿記・原価計算・管理会計

2 級	1 級
工業簿記（製造業簿記入門）	原価計算・管理会計
1　工業簿記の特質	
1．商業簿記と工業簿記	
2．工業経営における分課制度	
2　工業簿記の構造	
1．商的工業簿記（小規模製造業簿記）	
2．完全工業簿記	
3．工業簿記の勘定体系	
4．工業簿記の帳簿組織	
5．報告書の作成	
a．原価計算表 ·················	············· 製造原価報告書／明細書
	b．損益計算書と貸借対照表
3　原価	
1．原価の意義	
2．原価の要素と種類	
a．材料費，労務費，経費	
b．直接費と間接費	
c．製造原価と総原価	
d．製品原価と期間原価	
e．実際原価	
	f．正常原価
	g．予定原価
	h．標準原価
	3．原価の態様
	a．変動費と固定費
	4．非原価項目
4　原価計算	
1．原価計算の意義と目的	
2．原価計算の種類	
a．個別原価計算	
b．総合原価計算	
c．実際原価計算	
	d．正常原価計算
	e．予定原価計算
	f．標準原価計算
	g．直接原価計算
3．原価計算期間	
5　材料費の計算と記帳	
1．分類	
2．帳簿と証ひょう	
3．購入	
4．消費	
5．期末棚卸、棚卸減耗	
6　労務費の計算と記帳	
1．分類	
2．帳簿と証ひょう	
3．支払	
4．消費	
5．賃金以外の労務費	
7　経費の計算と記帳	
1．分類	
2．帳簿と証ひょう	
3．支払	
4．消費	

2　級	1　級
工業簿記（製造業簿記入門）	原価計算・管理会計
8　製造間接費の計算と記帳	
1．分類	
2．帳簿と証ひょう	
3．製造間接費の配賦	
a．実際配賦	
	b．正常配賦／予定配賦
	4．製造間接費予算
	9　部門費の計算と記帳
	1．意義と種類
	2．部門個別費と部門共通費
	3．補助部門費の配賦
	a．直接配賦法
	b．相互配賦法（簡便法）
10　個別原価計算と記帳	
1．意義	
2．特定製造指図書	
3．製造元帳	
	4．作業くず、仕損の処理と評価
11　総合原価計算と記帳	
1．意義と記帳	
a．直接材料費と加工費	
b．仕掛品の評価	
c．平均法と先入先出法	
2．単純総合原価計算	
	3．組別総合原価計算
	4．等級別総合原価計算
	（等級係数の決定を含む）
	a．単純総合原価計算に近い方法
	b．組別総合原価計算に近い方法
	5．連産品原価計算
	6．工程別総合原価計算
	a．累加法
	7．副産物、作業くずの処理と評価
	8．仕損、減損の処理
	a．度外視法
	12　標準原価計算と記帳
	1．意義
	2．記帳
	a．パーシャル・プラン
	3．原価差異の計算と分析
	a．直接材料費の材料消費価格差異と数量差異
	b．直接労務費の賃率差異と作業時間差異
	c．製造間接費差異（三分法）
	13　直接原価計算と記帳
	1．意義
	2．直接原価計算方式の損益計算書
	3．損益分岐点とCVP分析
	a．安全率と損益分岐点比率

2 級	1 級
工業簿記（製造業簿記入門）	原価計算・管理会計
16 製品の受払 　1．製品の完成、受け入れ 　2．製品の販売、払い出し	
	17 販売費及び一般管理費 18 工場会計の独立 　1．振替価格に内部利益を含めない方法 19 原価差異の会計処理 　1．売上原価加減法 20 原価計算基準

全経 簿記能力検定試験 公式問題集 1級原価計算・管理会計
CONTENTS

試験 標準勘定科目表

標準的な勘定科目の例示は、次のとおりである。なお、製造過程外で使用される商業簿記の勘定科目を除く。

2級 工業簿記

製造原価に関する勘定	材料（費）	補助材料（費）	工場消耗品（費）	消耗工具器具備品費	労務費
賃金	雑給	経費	賃借料	電力料	ガス代
水道料	直接材料費	直接労務費	製造間接費	加工費	資産勘定
仕掛品	製品	機械装置	費用勘定	売上原価	その他の勘定
月次損益	年次損益				

1級 原価計算・管理会計

製造原価に関する勘定	素材（費）	原料（費）	買入部品（費）	燃料費	○○手当
（法定）福利費	外注加工賃	特許権使用料	厚生費	直接経費	○○部門費
組間接費	第○工程仕掛品	(第○工程)半製品	○組仕掛品	○組製品	○級製品
副産物	作業くず	原価差異	直接材料費差異	材料消費価格差異	数量差異
直接労務費差異	賃率差異	作業時間差異	製造間接費(配賦)差異	予算差異	能率差異
操業度差異	○○部門費(配賦)差異	負債勘定	未払賃金	収益勘定	半製品売上
費用勘定	半製品売上原価	販売費及び一般管理費	その他の勘定	本社	工場

問題編

Chapter 1
とおるポイント

<table>
<tr><td>Section
1</td><td>工業簿記とは</td></tr>
</table>

●商業簿記と工業簿記

> 商 業 簿 記：商品を外部から仕入れて、その商品を外部に販売する「商品売買業」を営む企業が採用する簿記

〔商品売買業の流れ〕

> 工 業 簿 記：自ら製品を作り、それを外部に販売する「製造業」を営む企業が採用する簿記

〔製造業の流れ〕

※製造を行うため、企業外部との取引の記録の他、製造活動に関する記録と原価計算を行います。

●製造業と原価計算

> 工 業 簿 記：記録と報告が主な役目
> 原 価 計 算：製品原価の計算が主な役目

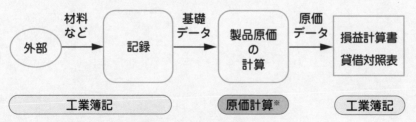

※1カ月単位（原価計算期間）で行われます。

原価計算とは

●原価計算の目的

原価計算の目的 ┬── 価格決定目的
　　　　　　　├── 財務諸表作成目的
　　　　　　　└── 経営意思決定目的

●原価計算の分類

(1)原価計算制度と特殊原価調査

原価計算 ┬── 原価計算制度
　　　　　└── 特殊原価調査

(2)実際原価か標準原価かによる分類

原価計算 ┬── 実際原価計算
　　　　　└── 標準原価計算

(3)製品の生産形態による分類

原価計算 ┬── 個別原価計算
　　　　　└── 総合原価計算

(4)製品原価の集計範囲による分類

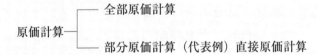

原価計算 ┬── 全部原価計算
　　　　　└── 部分原価計算（代表例）直接原価計算

●原価計算の計算手続き

原価計算は、原則として次の3段階の計算手続きを経て行われます。

費目別計算 …一定期間における原価要素を費目別に分類集計する手続きをいいます。

↓

部門別計算 …費目別計算で把握された原価要素を、原価発生の部門別に分類集計する手続きをいいます。

↓

製品別計算 …原価要素を一定の製品単位に集計する手続きをいいます。

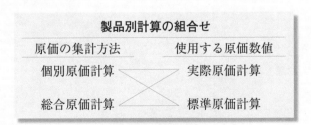

製品別計算の組合せ	
原価の集計方法	使用する原価数値
個別原価計算	実際原価計算
総合原価計算	標準原価計算

工業簿記とは

商業簿記と工業簿記①

基本	★☆☆☆☆	check!
➡ 解答・解説 P.2		

日付	/	/	/
✓			

▼次の表の空欄にあてはまる語句、文章を語群より選び、記号で答えなさい。

	経営形態	用いられる簿記
商社、卸売店、小売店など	①	③
メーカーなど	②	④

〈語群〉
⑦ 製　造　業：自社で製造した製品を販売する　　㋺ 商業簿記　　㋩ 工業簿記
㋥ 商品売買業：外部から仕入れた商品をそのまま販売する

①　　　　　　　　　　②　　　　　　　　　　③　　　　　　　　　　④

商業簿記と工業簿記②

基本	★☆☆☆☆	check!
➡ 解答・解説 P.2		

日付	/	/	/
✓			

▼次の文章の空欄にあてはまる語句を答えなさい。

　工業簿記は、原価計算と密接な関係にあります。工業簿記も基本的な目的は商業簿記と同じであり、取引を記録し、必要な計算を行い、結果を財務諸表によって報告します。このうち、　①　と　②　は主に工業簿記の役目であり、原価計算は主に　③　を役目としています。

①　　　　　　　　　　②　　　　　　　　　　③

Section 2 原価計算とは

問題3 適語補充〜原価計算制度ほか〜

基本 ★☆☆☆☆ check!

➡解答・解説 P.3

日付	/	/	/
✓			

▼以下の各問に答えなさい。

問1．次の図は原価計算の分類について示したものである。空欄ア．〜エ．に適語を補充し、完成させなさい。

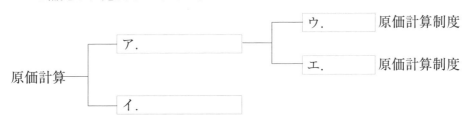

問2．次の文章の空欄ア．〜エ．に適語を補充し、完成させなさい。

1．財貨の実際の価格または予定の価格に、 ア._____ 消費量を掛けて計算された原価を イ._____ という。

2．財貨の標準の価格または予定の価格に、 ウ._____ 消費量を掛けて計算された原価を エ._____ という。

問3．次の文章の空欄ア．〜オ．に適語を補充し、完成させなさい。

1．印刷業を営むH社の軽井沢工場では、受注生産方式によって製品（印刷物）を生産し、顧客に引き渡している。生産する製品は顧客によってページ数やサイズ、紙の種類、注文量等が異なるため、受注されたそれぞれの製品ごとに原価を集計する方式を採っている。この場合に用いられる原価計算の方式は ア._____ と呼ばれる。

2．食品工場を経営するT社の清水工場では、缶詰を大量に生産している。生産している缶詰は3種類あるが、ほぼ同一の品質を有し、原価等にも差異がないと考えられる。このような場合には、月間の生産量を合計し、月間の原価を割算する方式によって原価計算を行なう方式を採っている。この場合に用いられる原価計算の方式は イ._____ と呼ばれる。

3．製造原価には変動製造原価と固定製造原価とがある。 ウ._____ 原価計算とは、製品の製造にかかったすべての費用を製品原価として集計する方法である。これに対して製品製造にかかった費用のうち、一部分だけを製品原価とする方法が エ._____ 原価計算と呼ばれる。 エ._____ 原価計算の代表的なものが直接原価計算である。直接原価計算では オ._____ 製造原価のみを製品に集計し、固定製造原価を発生した期の費用とするのが特徴である。

Chapter 2
とおるポイント

工場で製品が作られるまで

●勘定の流れ(材料)

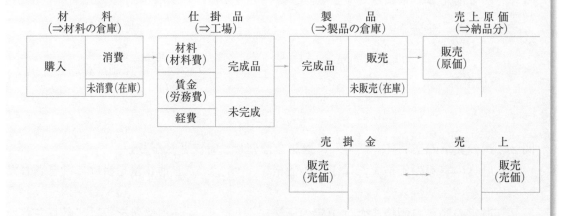

原価の意義と分類／製造原価の分類

●原価の意義

　原価とは、企業の経営活動のために消費された物やサービスを支出額で測定したものをいいます。

●原価の分類

　原価は、目的の違いにより、いくつかの方法によって分類します。

　① 形態別分類　原価は、その発生形態によって分類すると次の3つに分けられます。

材　料　費	：物品を消費することによって発生する原価
労　務　費	：労働用役を消費することによって発生する原価
経　　　費	：物品、労働力以外の原価財を消費することによって発生する原価

　② 製品との関連における分類　原価は、生産された製品との関連により次の2つに分けられます。

製造直接費	：特定の製品に対して直接的にその発生が認識できる原価
製造間接費	：すべての製品に対して共通に発生する原価

③ **製造原価、販売費及び一般管理費、総原価**

　　原価は、給付の内容との関連により分類すると次のように分けられます。

製造原価：製品の製造に要する原価
販売費及び一般管理費：営業費ともいい、製品の販売等に要する原価

　　なお、製造原価と販売費及び一般管理費の合計を**総原価**といいます。

●**参　考**

　　以上のことを図の形で示すと次のようになります。

			販　売　費	営業費	
			一般管理費		
	間接材料費	製造間接費			総　　原　　価
	間接労務費		製　造　原　価		
	間接経費				
直接材料費					
直接労務費	製造直接費				
直接経費					

④ **操業度との関連による分類**

　　経営活動の量を操業度といい、その増減に対して原価がどのように反応するかによって原価は次のように分類されます。

変動費：操業度の増加（減少）に応じて、総額において比例して増加
　　　　　（減少）する原価
　　　　　〈例〉直接材料費、直接労務費等
固定費：操業度の増減とは無関係に、総額において変化しない原価
　　　　　〈例〉職員の給料、減価償却費等
準変動費：固定費部分と変動費部分からなる原価
　　　　　〈例〉電力料、水道代等
準固定費：全体として階段状に増加する原価
　　　　　〈例〉職長の給料等

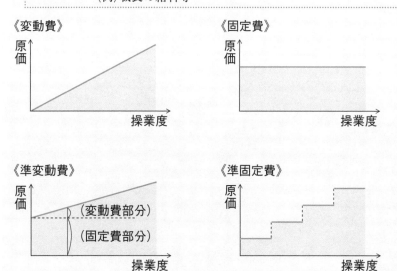

5 **製品原価と期間原価**
　原価は、財務諸表上収益との対応関係に基づいて、製品原価と期間原価とに区別できます。製品原価は一定単位の製品に集計された原価、期間原価は一定期間に集計された原価です。

●非原価項目
　原価に算入しない項目をいいます。
　主に次のようなものがあります。
1 **経営目的に関連しない価値の減少** → 未稼働の固定資産に係る減価償却費、支払利息等の財務費用や有価証券評価損など
2 **異常な状態を原因とする価値の減少** → 火災損失、訴訟費や固定資産売却損など
3 **税法上特に認められている損金算入項目**
4 **剰余金の配当と処分に関する項目（その他の利益剰余金に課する項目）**
　　→ 法人税など

Section 1 工場で製品が作られるまで

問題 1 購入から販売まで

基本 ★☆☆☆☆ check!

➡ 解答・解説 P.4

日付	/	/	/
✓			

▼次の取引の仕訳を示しなさい。

(1) 材料8,000円を掛けで購入した。

(2) 購入した材料のうち、6,000円を工場に移し、製造を開始した。

(3) 製品が完成した。なお、製品の製造原価は14,000円であった。

(4) 完成した製品のうち12,000円が、20,000円で販売され、代金は掛けとした。

(単位：円)

	借 方 科 目	金 額	貸 方 科 目	金 額
(1)				
(2)				
(3)				
(4)				

原価の意義と分類

問題
2
総原価の分類①

基本 ★☆☆☆☆ check!
➡ 解答・解説 P.4

日付	/	/	/
✓			

▼次の項目は、製造原価、販売費、一般管理費のうちのいずれにあたるか、解答用紙にア～カの記号を記入しなさい。

ア．工具の給料　　イ．本社建物の保険料　　ウ．工場電気代

エ．材料の消費額　　オ．販売員給料　　カ．本社電気代

製 造 原 価	
販 売 費	
一般管理費	

問題
3
総原価の分類②

基本 ★☆☆☆☆ check!
➡ 解答・解説 P.5

日付	/	/	/
✓			

▼(1)次の文章の空欄にあてはまる語句を答えなさい。

　原価とは、経営活動において　①　された経済的資源を　②　にもとづいて測定したものである。

▼(2)次のA群に示された用語の説明として適当と思うものをB群から選び、記号で答えなさい。

A　群	B　群
製 造 原 価	㋑ 販売活動（営業所における製品の販売）に要した原価。広告費、販売員給料、倉庫費など。
販　売　費	㋺ 一般管理活動（本社における企業活動全般の管理）にかかった原価。本社建物減価償却費、役員報酬など。
一般管理費	㋩ 製造活動（工場における製品の製造）に要した原価。原料費や賃金、機械減価償却費など。

(1)

① _____　　② _____

(2)

製造原価 _____　　販売費 _____　　一般管理費 _____

Section
3

製造原価の分類

問題
4

製造原価の分類①

基本 ★☆☆☆☆

check!

➡ 解答・解説 P.5

日付	/	/	/
✓			

▼以下の製造原価の分類に関する各問に答えなさい。

①次のA群に示された用語の説明として適当なものをB群から選び、記号で答えなさい。

A 群	B 群
材 料 費	⑦ 材料および労働用役以外の原価財を消費したことで発生する原価。工場建物や機械の減価償却費、電力料、ガス代など。
労 務 費	⑩ 労働用役を消費した（人が加工作業をした）ことで発生する原価。賃金、給料、賞与手当など。
経 費	⑧ 物品を材料として消費したことで発生する原価。素材費、部品費など。

②次のA群に示された用語の説明として適当なものをB群から選び、記号で答えなさい。

A 群	B 群
製造直接費	⑦ 特定の製品に対してかかる原価。
製造間接費	⑩ 複数の製品に対して共通的にかかる原価。

① 材料費＿＿＿＿＿＿＿ 労務費＿＿＿＿＿＿＿ 経 費＿＿＿＿＿＿＿

② 製造直接費＿＿＿＿＿＿＿ 製造間接費＿＿＿＿＿＿＿

問題
5

製造原価の分類②

基本 ★☆☆☆☆

check!

➡ 解答・解説 P.6

日付	/	/	/
✓			

▼次の項目を、ア直接材料費、イ間接材料費、ウ直接労務費、エ間接労務費、オ直接経費、カ間接経費に分類し記号を答えなさい。

①直接工の事務手伝いにより発生した賃金　　②特許権使用料

③工場の管理者の給料　　④工作用機械の減価償却費

⑤直接材料の間接使用により発生した材料費　　⑥買い入れた部品の消費額

⑦工場の備品の減価償却費

⑧直接工が直接製造にかかわったことにより発生した賃金

①	②	③	④	⑤	⑥	⑦	⑧

問題 **6** 総原価の分類③

基本 ★★☆☆☆ check!

➡解答・解説 P.6

日付	/	/	/
✓			

▼次の空欄にあてはまる金額を答えなさい(単位：円)。

				販　売　費　（③）	営業費		
				一般管理費　400			
	間接材料費　400	製造間接費				総原価	
	間接労務費　（②）			製造原価		3,000	
	間接経費　600			2,100			
直接材料費　500							
直接労務費　200	製造直接費　900						
直接経費　（①）							

①＿＿＿＿＿＿円　②＿＿＿＿＿＿円　③＿＿＿＿＿＿円

Chapter 3 とおるポイント

Section 1 材料費会計

●材料費の分類

材料費は、次のように分類できます。

	製品との関連	主な分類
材　料　費	直接材料費	主 要 材 料 費
		買 入 部 品 費
	間接材料費	補 助 材 料 費
		工 場 消 耗 品 費
		消耗工具器具備品費

●材料の購入

> 購入原価＝購入代価（こうにゅうだいか）＋引取運賃

材料を掛けで購入した。購入代価は 900,000 円であり、他に運賃 100,000 円を現金で支払った。

（借）材　　　　　料　　1,000,000　　（貸）買　　掛　　金　　900,000
　　　　　　　　　　　　　　　　　　　　　現　　　　金　　100,000

●材料費の計算

> 材料費＝材料の消費価格×実際消費量

消費価格 ┌ ・先入先出法
　　　　 └ ・平均法

実際消費量 ┌ ・継続記録法
　　　　　 └ ・棚卸計算法

●消費価格の計算

材料の消費価格の計算方法として代表的なものに、先入先出法・平均法があります。

（資　料）

9月 1日	100 kg 購入（@　80円）8,000円
9月 5日	50 kg 購入（@110円）5,500円
9月12日	100 kg 払出
9月20日	50 kg 購入（@130円）6,500円
9月25日	80 kg 払出

	9月12日	9月25日
先 入 先 出 法	@80円で100 kg 　　　　　　　8,000円	@110円で50 kg @130円で30 kg 　　　　　　　9,400円
平　　　均　　　法	@100円で100 kg *1　　　　　10,000円	@100円で80 kg 　　　　　　　8,000円

$$*1 \quad \frac{8,000円 + 5,500円 + 6,500円}{100kg + 50kg + 50kg} = @100円$$

●実際消費量の計算

継続記録法：材料の購入時、消費時ともに、材料カードに記録をつける方法です。この方法によると、常に材料の在庫量が判明し、月末に実地棚卸を行うことにより棚卸減耗量が把握できます。

棚卸計算法：納品書などから把握される購入数量をもとに月末に棚卸を行うことにより、差額で消費数量を計算する方法です。この方法では帳簿上の棚卸量がわからないので、棚卸減耗量は把握できません。

●棚卸減耗の処理

棚卸減耗は、正常な量であれば、製造間接費として処理します。

■設　例■

材料の月末帳簿有高 100 個 @ 100 円。実際有高は 95 個であった。
（借）製 造 間 接 費　　　500　　　　（貸）材　　　　　料　　　500

まず、棚卸減耗量を計算します（帳簿数量100個－実際数量95個＝棚卸減耗5個）。次に、その金額を計算して（@100円×5個＝500円）、材料勘定から製造間接費勘定に振り替えます。

なお、棚卸減耗の単価は消費価格の計算に用いる方法（先入先出法、平均法）と同じ方法で決めます。

●材料の返品

返品

投入のさいの仕訳と貸借逆の仕訳となります。

■設　例■

投入した材料1,000円が倉庫に戻された。このうち200円は間接費であった。

（借）材　　　　　料　　1,000　　　　（貸）仕　掛　品　　800
　　　　　　　　　　　　　　　　　　　　製造間接費　　200

労務費会計

●労務費の分類

労務費は、次のように分類できます。

	製品との関連	主な分類	
労　務　費	直接労務費	直接工直接作業賃金	いわゆる「賃金」
	間接労務費	直接工間接作業賃金	
		間接工賃金	
		給　　　　料	
		従業員賞与・手当	
		退職給付費用	
		法定福利費	

●消費賃金の計算

直接工の消費賃金 ＝ 実際賃率 × 作業時間
間接工の消費賃金 ＝ 要支払額

(1)直接工の消費賃金

賃率×作業時間の掛け算で計算します。

(2)間接工の消費賃金

当月の要支払額をもって消費額とします。

＜作業時間の分類＞

勤務時間（拘束時間）				
就業時間				休憩時間
実働時間			手待時間	
直接作業時間		間接作業時間		
加工時間	段取時間			
←　直接労務費　→		←　間接労務費　→		

●経費の分類

経費は、次のように分類できます。

	製品との関連	主な分類
経 費	直 接 経 費	外 注 加 工 賃
	間 接 経 費	減 価 償 却 費
		保 険 料
		電 力 料
		棚 卸 減 耗 費
		そ の 他

└─ 材料費・労務費以外のもの

●間接経費の分類

支 払 経 費：毎月の支払額をもって、その月の消費額とします。ただし、
未払分または前払分があるときは、支払額に加減します。
（例：通信費、旅費交通費）

経 費	
支 払 額	前月未払額
	当月前払額
	消 費 額
前月前払額	
当月未払額	

測 定 経 費：毎月メーターで消費量を測定し、料率を掛けることに
よって消費額を計算します。
（例：電力料、水道料）

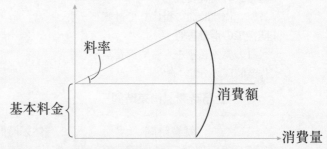

月 割 経 費：1年分または数カ月分として、まとめて計上されるものを月
割計算して消費額を求めます。
（例：減価償却費、保険料）

発 生 経 費：原価計算期間に発生した原価を消費額とします。
（例：棚卸減耗費、仕損費）

Section 5 予定消費額による計算

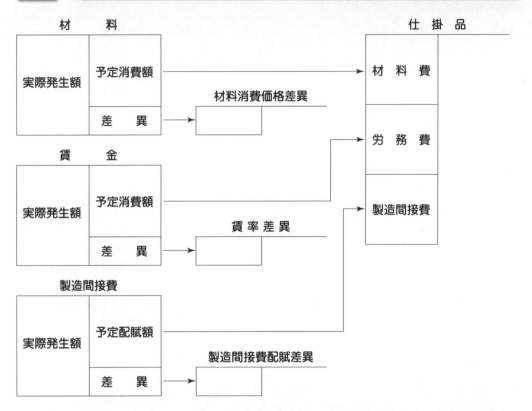

Section 6 製造間接費予算

●**製造間接費予算**
変動予算（公式法変動予算）
　変動製造間接費と固定製造間接費に区別し、それぞれの予算を設定し、その合計額を予算額とする方法

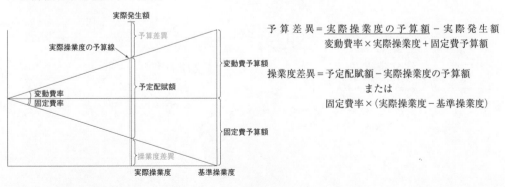

固定予算

　　変動製造間接費と固定製造間接費に区別せず、操業度に関係なく、一定額
を予算額とする方法

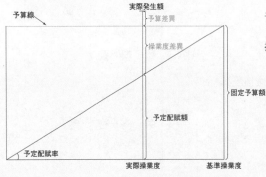

予 算 差 異＝固定予算額－実際発生額

操業度差異＝予定配賦額－固定予算額
　　　　　　または
　　予定配賦率×（実際操業度－基準操業度）

営業費会計

Section 7

●営業費の分類

　　営業費は、次のように分類できます。

$$営業費 \begin{cases} 販売費 \begin{cases} 注文獲得費 \\ 注文履行費 \end{cases} \\ 一般管理費 \end{cases}$$

　　　　　注文獲得費：顧客から注文を得るためにかかった費用です。
　　　　　　　　例：広告宣伝費　販売促進費

　　　　　注文履行費：顧客からの注文を得た後、製品を販売し、その代金を回収す
　　　　　　　　　　　　るまでにかかった費用です。
　　　　　　　　例：倉庫費、運送費

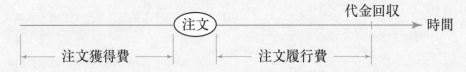

工業簿記の勘定連絡と財務諸表

●勘定の流れと財務諸表

勘定の流れと財務諸表のフォームは次のようになります。

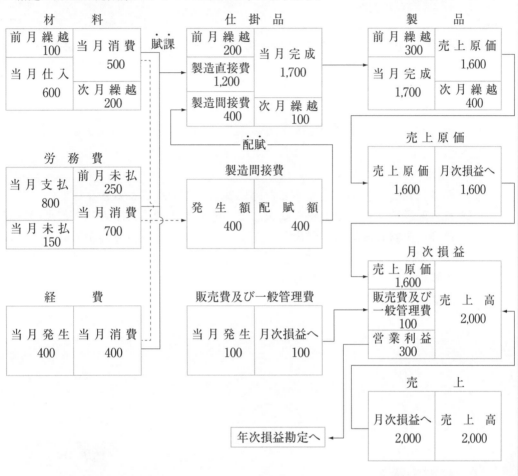

Section 1 材料費会計

問題 1 材料費の分類

基本 ★★☆☆☆ check!
➡ 解答・解説 P.7

日付 / / /
✓

▼次の表の①～⑤に該当する費目を以下の語群から選び、記号で答えなさい。

材　料　費	直 接 材 料 費	①
		②
	間 接 材 料 費	③
		④
		⑤

〈語群〉
⑴ 補助材料費：製品を生産するために補助的に消費される物品の原価
⑵ 買入部品費：他の企業から購入して、そのまま製品に組み込む部品の原価
⑶ 消耗工具器具備品費：耐用年数が1年未満または取得原価が低いことから、
　　　　　　　　　　　固定資産として扱われない工具器具備品の原価
⑷ 主要材料費：製品の主たる素材となる物品の原価
⑸ 工場消耗品費：製品を生産するうえで必要な消耗品の原価

① _____　② _____　③ _____　④ _____　⑤ _____

問題 2 材料の購入

基本 ★★☆☆☆ check!
➡ 解答・解説 P.7

日付 / / /
✓

▼次の取引の仕訳を示しなさい。

材料を掛けで仕入れた。購入代価は200,000円であり、他に運賃5,000円を現金で支払った。

（単位：円）

借 方 科 目	金 　 額	貸 方 科 目	金 　 額

問題 3 先入先出法と平均法

基本 ★★★★★ check!

➡ 解答・解説 P.8

日付	/	/	/
✓			

▼ 次の資料により、(A)先入先出法、(B)平均法のそれぞれの方法を採用した場合の、当期の材料棚卸減耗費と材料費を計算しなさい。

(資 料)

日付	摘 要	受 入	単 価	払 出	単 価
5／1	前月繰越	30kg	@50円		
12	受 入	40kg	@85円		
20	払 出			60kg	？円
29	受 入	30kg	@80円		
31	棚卸減耗			？kg	？円
〃	次月繰越	30kg			

(A) 先入先出法

材料棚卸減耗費 ＿＿＿＿＿＿＿ 円　　材料費 ＿＿＿＿＿＿＿ 円

(B) 平均法

材料棚卸減耗費 ＿＿＿＿＿＿＿ 円　　材料費 ＿＿＿＿＿＿＿ 円

問題 4 実際消費量の計算

基本 ★☆☆☆☆ check!

➡ 解答・解説 P.9

日付	/	/	/
✓			

▼ 当工場では、実際材料費の計算において買入部品の消費量の計算には継続記録法を採用し、補助材料の消費量の計算には棚卸計算法を採用している。また、以下の条件のもとで、解答用紙の材料勘定を完成させなさい。

〔条 件〕

(1) 買入部品の実際単価 4,000円

(2) 買入部品の月初在庫量、当月購入量、当月消費量、月末在庫量

	A部品
月初在庫量	0 個
当月購入量	1,100 個
当月消費量	800 個
月末在庫量	300 個

(3) 補助材料当月買入額、月初有高、月末有高

当月買入額合計 1,400,000円　　月初有高 200,000円　　月末有高 600,000円

```
          材          料
前 月 繰 越（      ）当 月 消 費 高
当 月 仕 入 高（      ）  仕 掛 品  （      ）
                        製造間接費 （      ）
                      次 月 繰 越 （      ）
            （      ）            （      ）
```

問題 5　材料の動き

基本 ★★★★☆ check!

➡ 解答・解説 P.9

日付	/	/	/
✓			

▼次の取引の仕訳を示しなさい。なお、(2)は一連の取引である。

使用勘定科目：現金、買掛金、材料、仕掛品、製造間接費

(1)材料を掛けで購入した。その送状価額は100,000円であり、また引取運賃2,000円を現金で運送会社に支払った。

(2)①A商店より素材 100個(@500円)を掛けで仕入れた。

②B商店より買入部品 50個(@300円)を掛けで仕入れた。

③C商店より工場消耗品10,000円を現金で購入した。

④素材 80個(@500円)および買入部品 30個(@300円)を直接材料として消費した。

⑤工場消耗品3,000円を機械の修理のために消費した。

⑥素材の実地棚卸数量は 15個であった。なお、帳簿棚卸数量は 20個であり、この減耗は通常発生する程度のものである。

(単位：円)

		借 方 科 目	金 額	貸 方 科 目	金 額
(1)					
(2)	①				
	②				
	③				
	④				
	⑤				
	⑥				

問題 6　材料の投入と返品

基本 ★★☆☆☆ check!

➡ 解答・解説 P.10

日付	/	/	/
✓			

▼次の取引の仕訳を示しなさい。

①A部品を100個仕入れ、代金 @800円は掛けとした。

②上記A部品のうち10個は規格外であったため、仕入先に返品した。

③残りのA部品全部を倉庫から生産現場に払い出した。

④上記出庫分のうち5個が、生産現場より倉庫に戻されてきた。

(単位：円)

	借 方 科 目	金 額	貸 方 科 目	金 額
①				
②				
③				
④				

Section 2 労務費会計

問題 7 労務費の分類

基本 ★★☆☆☆ check!

→ 解答・解説 P.11

日付	/	/	/
✓			

▼次の表の①〜⑧に該当する費目を以下の語群から選び、記号で答えなさい。

労 務 費	直 接 労 務 費	①	直接工賃金
		②	
		③	
	間 接 労 務 費	④	
		⑤	
		⑥	
		⑦	
		⑧	

〈語群〉

(イ) 手 待 時 間 賃 金 ： 材料待ち、工具待ちなど、直接工に責任のない無作業時間に対する賃金

(ロ) 従 業 員 賞 与 手 当 ： 従業員に対して支給される賞与および通勤手当、住宅手当等の諸手当

(ハ) 直接作業時間賃金 ： 直接工が製品加工作業ないし直接作業に従事した時間に対する賃金

(ニ) 間 接 工 賃 金 ： 修繕、運搬、清掃などの間接作業に従事している工員に支払われる賃金

(ホ) 法 定 福 利 費 ： 社会保険料の会社負担額

(ヘ) 給 料 ： 職員および業務担当役員に対して支給される給与

(ト) 退 職 給 付 費 用 ： 退職金支給に備えるための引当金繰入額

(チ) 間接作業時間賃金 ： 直接工が本来の任務である製品加工作業以外の仕事、例えば機械の修理、材料や完成品の運搬などに従事した時間に対する賃金

① _____ ② _____ ③ _____ ④ _____ ⑤ _____ ⑥ _____

⑦ _____ ⑧ _____

問題 8 賃金の支払いと消費

基本 ★★☆☆☆ check!

➡ 解答・解説 P.11

日付	/	/	/
✓			

▼次の資料により、当月に必要な仕訳および諸勘定への記入・締切りを行いなさい。

（資　料）

①前月賃金未払額　　　150,000円

②当月賃金支払額　　　1,200,000円（現金払い）

③当月賃金消費額　　　直接労務費　849,000円　　間接労務費　381,000円

④当月賃金未払額　　　　　？　　円

（単位：円）

	借　方　科　目	金　　額	貸　方　科　目	金　　額
①				
②				
③				
④				

賃　　　　　金　　　　　　（単位：円）

（　　　　）	（　　　　）	（　　　　）	（　　　　）
（　　　　）	（　　　　）	（　　　　）	（　　　　）
	（　　　　）		（　　　　）

未　払　賃　金　　　　　（単位：円）

（　　　　）	（　　　　）	前　月　繰　越	（　　　　）
（　　　　）	（　　　　）	（　　　　）	（　　　　）
	（　　　　）		（　　　　）

消費賃金の計算

基本 ★★★★☆ check!

→解答・解説 P.12

日付	／	／	／
✓			

▼次の資料から当月の直接労務費と間接労務費を計算しなさい。

（資　料）

賃　金

	前月未払高	当月支払高	当月未払高
直接工（直接作業分）	20,900 千円	200,000 千円	24,000 千円
〃　　（間接作業分）	14,600 千円	100,000 千円	13,000 千円
間接工	9,980 千円	70,000 千円	10,080 千円

その他

従業員賞与	5,000 千円	アルバイト給料	3,000 千円
法定福利費	2,800 千円	福利施設負担額	600 千円

直接労務費	千円
間接労務費	千円

経費会計

経費の分類①

基本 ★★☆☆☆ check!

➡解答・解説 P.13

日付	/	/	/
✓			

▼次の表の①～⑦に該当する費目を以下の語群から選び、記号で答えなさい。

経 費	直 接 経 費	①
		②
	間 接 経 費	③
		④
		⑤
		⑥
		⑦

〈語群〉

(イ)減 価 償 却 費：工場の建物や機械などの減価償却費
(ロ)特 許 権 使 用 料：外部の会社が特許を持つ技術を利用して製品を生産するとき、その対価として支払う原価
(ハ)通　信　費：電話代や郵便代など
(ニ)棚 卸 減 耗 費：減耗した材料の原価
(ホ)旅 費 交 通 費：出張時の旅費など
(ヘ)外 注 加 工 賃：製品生産に関する仕事（材料の加工や製品の組立など）の一部を外部の会社に委託したとき、その対価として支払う原価
(ト)修　繕　費：工場の建物や機械などの修繕費

① _____ ② _____ ③ _____ ④ _____ ⑤ _____ ⑥ _____

⑦ _____

問題 11 経費の分類②

基本 ★★☆☆☆ check!
→ 解答・解説 P.13
日付 / / /
✓

▼以下の文章は間接経費の分類を示したものである。空欄にあてはまる語句を答えなさい。

| ① | 経費：月割計算によって当月の発生額を求める。
例：減価償却費、賃借料、保険料など。

| ② | 経費：当月に生じた分の原価を当月の発生額とする。
例：棚卸減耗費など。

| ③ | 経費：当月の支払額または請求額をもって当月の発生額とする。
例：旅費交通費、通信費、事務用消耗品費、保管料など。

| ④ | 経費：メーターで当月の消費量を測定し、料率表と照らし合わせて当月の発生額を計算する。
例：ガス代、水道料、電力料など。

① _____ ② _____ ③ _____ ④ _____

問題 12 経費の処理

基本 ★★★☆☆ check!
→ 解答・解説 P.14
日付 / / /
✓

▼次に示す経費の当月消費額を計算しなさい（単位：円）。

経 費	当月支払額	前 月		当 月		当月消費額
		前払額	未払額	前払額	未払額	
特許権使用料	14,000	1,000		500		
支 払 家 賃	42,000		800		700	
通 信 費	36,000	800			1,200	
保 管 料	48,000		1,500	1,600		
修 繕 費	39,000	400	200	800	600	

特許権使用料 _____ 円　　支 払 家 賃 _____ 円

通 信 費 _____ 円　　保 管 料 _____ 円

修 繕 費 _____ 円

▼次の取引を仕訳しなさい。勘定科目は、以下の語群の中から最も適切なものを選択すること。語群の中にない勘定科目は使用しないこと。

仕掛品、製造間接費、買掛金、機械減価償却累計額、材料、未払電力料

1．製造指図書＃101の製品を製造するため、材料A60,000円を出庫し、外注先の工場に加工を依頼した。なお、当工場では材料を外注のため無償支給しており、材料を外注先に引き渡すときに通常の出庫票にて出庫の記録を行っている。

2．上記1の外注先から加工品を受け入れた。請求書によると、外注加工賃は15,000円であった。

3．材料倉庫の棚卸を行い、材料の減耗20,000円が発見されたので、棚卸減耗費を計上した。

4．当月の機械減価償却費を計上した。機械減価償却費の年間見積額は、960,000円である。

5．月末に、当月分の電力消費量の測定結果にもとづいて、電力料200,000円を計上した。

(単位：円)

	借 方 科 目	金 額	貸 方 科 目	金 額
1				
2				
3				
4				
5				

▼次の取引を仕訳しなさい。なお、当工場では経費勘定を設けていない。

(1) 当月のB製品にかかわる特許権使用料は35,000円であった。請求書を受け取り、小切手を振り出して支払った。

(2) 当年度の機械等修繕費は600,000円と予想されるので、この12分の1を当月分経費として修繕引当金に計上する。

(3) 電力料の固定料金は20,000円、従量料金は2円/kWhである。なお、当月の電力消費量は22,000kWhであった。

(単位：円)

	借 方 科 目	金 額	貸 方 科 目	金 額
(1)				
(2)				
(3)				

Section

5 予定消費額による計算

問題 15

材料消費価格差異の処理

基本 ★★★★☆

→ 解答・解説 P.16

check!

日付	/	/	/
✓			

▼次の一連の取引について仕訳を示しなさい。

(1)材料を直接材料として60kg、間接材料として40kg消費した。なお、当工場では、材料消費額の計算において@110円の予定価格で計算している。また、当月は材料100kgを13,000円で掛仕入しており、月初材料はない。

(2)材料の予定消費額と実際消費額との差額を、材料消費価格差異勘定に振り替える。なお、当月の実際消費額は13,000円であった。

(単位：円)

	借　方　科　目	金　　額	貸　方　科　目	金　　額
(1)				
(2)				

問題 16

労務費賃率差異の処理

基本 ★★★★☆

→ 解答・解説 P.17

check!

日付	/	/	/
✓			

▼次の一連の取引について仕訳を示しなさい。

(1)当工場の工具はすべて直接工であり、その労務費は予定賃率により計算している。当期の予定総就業時間は850時間、予定賃率支払額は680,000円と見積もっている。当月の直接工の作業時間は65時間（すべて直接作業時間）であり、消費額を計上する。

(2)当月の労務費の実際消費額は53,500円であった。(1)で求めた予定消費額と実際消費額の差額を賃率差異勘定に振り替える。

(単位：円)

	借　方　科　目	金　　額	貸　方　科　目	金　　額
(1)				
(2)				

問題 17 製造間接費の予定配賦①

基本 ★★★★☆ check!

➡ 解答・解説 P.17

日付	/	/	/
✓			

▼当社は直接作業時間を配賦基準として製造間接費を予定配賦している。次の資料を
もとに①〜③に答えなさい。

（資　料）

1．年間製造間接費予算　　　　108,000,000 円
2．年間正常直接作業時間　　　　36,000 時間
3．当月製造間接費実際発生額　　8,850,000 円
4．当月実際直接作業時間　　　　2,700 時間

①予定配賦率はいくらか。

②当月の予定配賦額はいくらか。

③製造間接費配賦差異はいくらか。また「有利差異」か「不利差異」かを答えなさい。

①		円／時間
②		円
③	円	差異

問題 18 製造間接費の予定配賦②

▼当社は機械運転時間を配賦基準として製造間接費を予定配賦している。次の資料を
もとに各勘定の（　）内に適切な金額を記入しなさい。記入がない欄には（ — ）を記
入のこと。

（資　料）

1．予定配賦率　　　　　　　　3,200 円／時間
2．当月製造間接費実際発生額　8,850,000 円
3．当月実際機械運転時間　　　2,700 時間

製造間接費

（　　　　　　）	（　　　　　　）
	（　　　　　　）

仕　掛　品

（　　　　　　）	

製造間接費配賦差異

（　　　　　　）	（　　　　　　）

問題 19 費目別計算のまとめ

➡ 解答・解説 P.19

▼次の資料にもとづき、答案用紙の素材勘定、賃金・手当勘定、製造間接費勘定および仕掛品勘定を完成させなさい。

1. 素材　当期購入代価3,600万円、当期引取費用100万円、期末帳簿棚卸高250万円、期末実地棚卸高240万円。素材は、すべて直接材料として使用された。なお、帳簿棚卸高と実地棚卸高との差額は正常な差額である。
2. 工場補修用鋼材　期首有高20万円、当期仕入高200万円、期末有高18万円
3. 工場固定資産税20万円
4. 機械工および組立工賃金　前期未払高610万円、当期賃金・手当支給総額2,600万円、当期直接賃金2,200万円、当期間接作業賃金370万円、当期手待賃金12万円、当期未払高540万円。なお、当期の消費賃金および期首、期末の未払高は、手当を含む予定平均賃率で計算されている。
5. 工場の修理工賃金　当期要支払額230万円
6. 製造用切削油、機械油などの当期消費額155万円
7. 工場倉庫係の賃金　当期要支払額186万円
8. 製造間接費予算差異6万円(貸方差異)
9. 製造関係の事務職員給料　当期要支払額172万円
10. 耐用年数1年未満の製造用工具と測定器具123万円
11. 工員用住宅、託児所など福利施設負担額45万円
12. 工場の運動会費5万円
13. 製造間接費操業度差異26万円(借方差異)
14. 外注加工賃(材料は無償支給。納入加工品は直ちに消費した) 300万円
15. 工場電力料・ガス代・水道料140万円
16. 工場減価償却費500万円

	素	材		(単位：万円)
期 首 有 高	200	〔　　　　　〕	（　　　　　）	
購 入 代 価	（　　　　　）	期 末 有 高	（　　　　　）	
〔　　　　　〕	（　　　　　）	正常棚卸減耗費	（　　　　　）	
	3,900			3,900

	賃 金	・ 手 当		(単位：万円)
当期支給総額	2,600	〔　　〕未払高	（　　　　　）	
〔　　〕未払高	（　　　　　）	〔　　　　　〕	（　　　　　）	
賃 率 差 異	（　　　　　）	直接工間接賃金	370	
		手 待 賃 金	12	
	（　　　　　）			（　　　　　）

製造間接費　　　　　　（単位：万円）

間接材料費	（　　　　　）	〔　　　　　〕	（　　　　　）
間接労務費	（　　　　　）	原 価 差 異	（　　　　　）
間 接 経 費	（　　　　　）		
	2,170		2,170

仕　掛　品　　　　　　（単位：万円）

期 首 有 高	200	当期完成高	8,000
直接材料費	（　　　　　）	期 末 有 高	500
直接労務費	（　　　　　）		
直 接 経 費	（　　　　　）		
製造間接費	（　　　　　）		
	8,500		8,500

6 製造間接費予算

問題 20 変動予算と固定予算

基本 ★★★★★ check!

→ 解答・解説 P.21

日付	/	/	/
✓			

▼当工場では実際個別原価計算制度を採用している。製造間接費予算に①公式法変動予算を採用している場合、②固定予算を採用している場合における、配賦差異の分析を行いなさい。ただし、基準操業度はどちらの場合も月間3,500時間とする。

■資 料■

①公式法変動予算

変動費率	@80円
固定製造間接費	245,000円

②固定予算 525,000円

③当月の実際操業度は3,150時間、実際発生額は500,000円であった。

① 予 算 差 異 （　　　）　　　　　円

　 操業度差異 （　　　）＿＿＿＿＿円

　 総 差 異 （　　　）＿＿＿＿＿円

② 予 算 差 異 （　　　）　　　　　円

　 操業度差異 （　　　）＿＿＿＿＿円

　 総 差 異 （　　　）＿＿＿＿＿円

【注】有利差異の場合は＋、不利差異の場合は－を（　　　）内に記入すること。

問題 21　変動予算と差異の会計処理

基本　★★★★★　check!

日付　/　/　/　✓

➡ 解答・解説 P.23

▼当社では製造間接費について公式法変動予算を設定し、予定配賦を行っている。そこで、次の資料にもとづき、各問に答えなさい。

■資　料■
1. 製造間接費予算額　固定費　2,750,000円、変動費率 @350円
2. 基準操業度　　12,500時間
3. 製造間接費実際発生額　　7,000,000円
4. 実際操業度　　12,000時間

問 1. 予定配賦額を求めなさい。

問 2. 製造間接費配賦差異を求め、さらに予算差異と操業度差異に分析しなさい。

問 3. 製造間接費配賦差異の処理（売上原価に賦課）に関する仕訳を行いなさい。仕訳のさいに用いる勘定科目は次に示す5科目から適切なものを選ぶこと。
売上原価、損益、仕掛品、製品、製造間接費配賦差異

問 1.　予定配賦額 [＿＿＿＿＿＿＿＿＿] 円

問 2.　製造間接費配賦差異：

総　差　異 [＿＿＿＿＿＿] 円〔　　　〕差異

予 算 差 異 [＿＿＿＿＿＿] 円〔　　　〕差異

操業度差異 [＿＿＿＿＿＿] 円〔　　　〕差異

【注意】〔　　〕は不利差異の場合には「借方」、有利差異の場合には「貸方」と記入しなさい。

問 3.

（単位：円）

借　方　科　目	金　　額	貸　方　科　目	金　　額

Section
7 営業費会計

問題 **22** 営業費の分類

基本 ★☆☆☆☆ check!
→ 解答・解説 P.25

日付 / / /
✓

▼ 次の空欄に適切な語句を補充しなさい。ただし、③〜⑨については語群より選び、記号で答えること。

販売費 ┬ 注文 ① 費…顧客から注文を得るためにかかった原価
　　　　│　　　　　　例： ③ ④ ⑤
　　　　└ 注文 ② 費…注文を得た後、製品を届け代金を回収するまでにかかった原価
　　　　　　　　　　　例： ⑥ ⑦ ⑧ ⑨

〈語群〉
㋑ 掛金集金費　㋺ 販売事務費　㋩ 市場調査費　㋥ 荷造運搬費
㋭ 広告宣伝費　㋬ 倉庫費　㋣ 販売促進費

① _____　② _____　③ _____　④ _____　⑤ _____　⑥ _____
⑦ _____　⑧ _____　⑨ _____

問題 **23** 営業費の処理

基本 ★☆☆☆☆ check!
→ 解答・解説 P.25

日付 / / /
✓

▼ 次の取引の仕訳を示しなさい。
（使用できる勘定科目）
　減価償却費、減価償却累計額、販売費及び一般管理費、月次損益
(1)本社建物の減価償却費150,000円を計上した。
(2)上記の減価償却費を販売費及び一般管理費勘定に振り替えた。
(3)販売費及び一般管理費を月次損益に振り替えた。

(単位：円)

	借 方 科 目	金 額	貸 方 科 目	金 額
(1)				
(2)				
(3)				

工業簿記の勘定連絡と財務諸表

工業簿記の流れ

基本 ★★★☆☆ check!

➡ 解答・解説 P.26

日付	/	/	/
✓			

▼当社は製品Tを製造している。次の空欄の中に適切な語句または数値を記入しなさい。

(1) 材料 2,400円を掛けで購入した。

(借)〔　　　　　　　〕 2,400 　(貸)買　掛　金 2,400

(2) 材料 1,800円を消費した(直接費 1,000円、間接費 800円)。

(借)〔　　　　　　　〕(　　　) 　(貸)材　　　料 1,800
　　〔　　　　　　　〕(　　　)

(3) 賃金 5,000円を支払った (現金 4,400円、預り金 600円)。賃金勘定を用いるものとする。

(借)〔　　　　　　　〕 5,000 　(貸)現　　　金(　　　)
　　　　　　　　　　　　　　　　　　〔　　　　　　　〕(　　　)

(4) 賃金の消費額は 5,000円であり、このうち 3,600円が直接労務費である。

(借)仕　掛　品 3,600 　(貸)賃　　　金 5,000
　　〔　　　　　　　〕(　　　)

(5) 経費 1,600円を小切手を振り出して支払った。

(借)〔　　　　　　　〕 1,600 　(貸)〔　　　　　　　〕 1,600

(6) 経費の消費額は 1,600円であり、このうち 1,000円が直接経費である。

(借)〔　　　　　　　〕 1,000 　(貸)経　　　費 1,600
　　〔　　　　　　　〕 600

(7) 製造間接費 2,800円を配賦する。

(借)〔　　　　　　　〕 2,800 　(貸)〔　　　　　　　〕 2,800

(8) 製品T 6,000円が完成した。

(借)〔　　　　　　　〕 6,000 　(貸)〔　　　　　　　〕 6,000

(9) 製品T (原価 6,000円、売価 11,000円)を掛けで販売した。

(借)売　掛　金(　　　) 　(貸)売　　　上(　　　)
(借)〔　　　　　　　〕 6,000 　(貸)〔　　　　　　　〕 6,000

(10) 販売員給料 1,600円、広告宣伝費 800円、本社事務員給料 1,800円を小切手を振り出して支払った。販売費及び一般管理費勘定を用いること。

(借)〔　　　　　　　〕(　　　) 　(貸)当　座　預　金(　　　)

(11) 当月の営業利益を計算するため、振替仕訳を行った。

(借)売　　　上 11,000 　(貸)〔　　　　　　　〕 11,000
(借)〔　　　　　　　〕 10,200 　(貸)〔　　　　　　　〕 6,000
　　　　　　　　　　　　　　　　　　販売費及び一般管理費 4,200

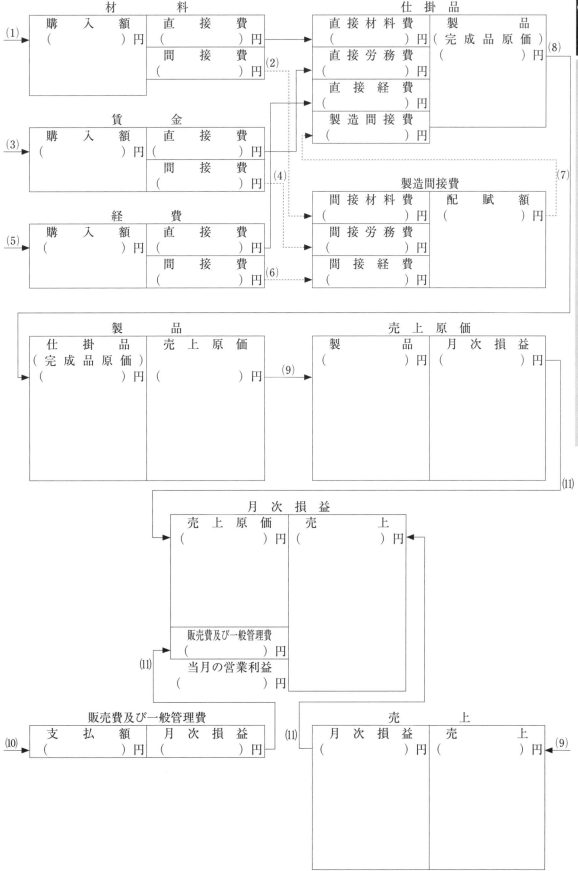

材　料

購　入　額	直　接　費
(1) （　　　　　）円	（　　　　　）円
	間　接　費
	（　　　　　）円　(2)

賃　金

購　入　額	直　接　費
(3) （　　　　　）円	（　　　　　）円
	間　接　費
	（　　　　　）円　(4)

経　費

購　入　額	直　接　費
(5) （　　　　　）円	（　　　　　）円
	間　接　費
	（　　　　　）円　(6)

仕　掛　品

直接材料費	製　　品
（　　　　　）円	（完成品原価）
直接労務費	（　　　　　）円　(8)
（　　　　　）円	
直接経費	
（　　　　　）円	
製造間接費	
（　　　　　）円	

製造間接費

間接材料費	配　賦　額
（　　　　　）円	（　　　　　）円　(7)
間接労務費	
（　　　　　）円	
間接経費	
（　　　　　）円	

製　品

仕　掛　品	売　上　原　価
（完成品原価）	（　　　　　）円
（　　　　　）円	

売　上　原　価

製　　品	月　次　損　益
（　　　　　）円	（　　　　　）円

(9)

(11)

月　次　損　益

売　上　原　価	売　　上
（　　　　　）円	（　　　　　）円
販売費及び一般管理費	
（　　　　　）円	
当月の営業利益	
（　　　　　）円	

(11)

販売費及び一般管理費

支　払　額	月　次　損　益
(10) （　　　　　）円	（　　　　　）円

売　　上

月　次　損　益	売　　上
(11) （　　　　　）円	（　　　　　）円　(9)

Chapter 4
とおるポイント

総合原価計算の計算方法

大量生産形態	同一の製品を大量に作る生産形態です。
始　　　　点	最初に材料を投入して加工を始める点です。
終　　　　点	加工が終わって完成品となる点です。
仕上り程度	製造工程上における加工の進み具合です。
材　料　費	直接材料費を指します。
加　工　費	直接材料費以外の製造原価を指します。
完成品単位原価	完成品1個あたりの製造原価のことです。
仕　掛　品	製造途中の製品のことです。
完成品換算量	完成品量でいうと何個分に相当するかということです。

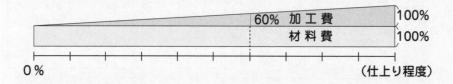

月末仕掛品の完成品換算量 ＝ 仕掛品量 × 仕上り程度

```
                          60% 加工費        100%
                              材料費         100%

0%                                  (仕上り程度)
```

単純総合原価計算〜1種類の製品の生産〜

単純総合原価計算とは、単一製品に用いられる方法です。

●月末仕掛品の評価
　どんな原価配分法を用いるかで、月末仕掛品の評価は異なります。

（資　料）
①生産データ　　　　　　　　　　　②原価データ

			材料費	加工費
月初仕掛品	50個(0.6)			
当月投入	450個	月初仕掛品	10,000円	5,400円
合　　計	500個	当月投入	72,000円	81,000円
月末仕掛品	40個(0.5)	合　　計	82,000円	86,400円
完　成　品	460個			

（注1）材料はすべて始点投入である。
（注2）（　　）内は仕上り程度を示す。

材料費（加工費）

月初	完成
10,000 円 （5,400 円）	50 個 （30 個）	460 個 （460 個）

※月初 30 個 ＝ 50 個 × 0.6

当月	
72,000 円 （81,000 円）	450 個 （450 個）	月末
		40 個 （20 個）

※月末 20 個 ＝ 40 個 × 0.5

平均法

$$\frac{82,000\ 円}{460\ 個 + 40\ 個} \times 40\ 個 + \frac{86,400\ 円}{460\ 個 + 20\ 個} \times 20\ 個 = 10,160\ 円$$

先入先出法

$$\frac{72,000\ 円}{460\ 個 - 50\ 個 + 40\ 個} \times 40\ 個 + \frac{81,000\ 円}{460\ 個 - 30\ 個 + 20\ 個} \times 20\ 個 = 10,000\ 円$$

（単位：円）

	月末仕掛品原価	完成品総合原価	合　　計
平　均　法	10,160	158,240	168,400
先入先出法	10,000	158,400	168,400

> いずれの方法を用いても、月末仕掛品と完成品に対する原価の配分が変化するだけであり、その合計金額はすべて等しくなります。

Section 3　仕損・減損の処理

●仕損とは、減損とは

　仕損とは、加工作業に失敗することによって基準にあわない不完全な生産物が発生することをいいます。一方、減損とは、加工途中の材料の蒸発、粉散等により、投入量よりも産出量が減少することをいいます。

●負担関係の決定

仕損・減損の発生点≦月末仕掛品の仕上り程度
仕損・減損の発生点が不明の場合 ｝両者負担

月末仕掛品の仕上り程度＜仕損・減損の発生点 ｝完成品のみ負担

　仕損（減損）発生点を通過した生産物に対して、仕損費（減損費）を負担させます。

●具体的処理

〈仕損費を完成品と月末仕掛品の両者が負担するケース〉

（資　料）

①生産データ　　　　　　　　②原価データ

			材料費	加工費
月初仕掛品	120 個 （0.5）	月初仕掛品	5,900 円	3,300 円
当月投入	330 個	当月投入	13,700 円	17,220 円
合　計	450 個			

・材料は工程の始点ですべて投入した。
・（　　）内は仕上り程度、発生点を示す。

仕　　損	50 個 （0.6）
月末仕掛品	100 個 （0.8）
完成品	300 個

・月末仕掛品の評価は平均法である。
・仕損品の評価額はゼロとする。

●月末仕掛品原価

仕損の発生点(0.6)≦月末仕掛品の仕上り程度(0.8)より、両者負担。

$$\frac{5,900\,円 + 13,700\,円}{120\,個 + （330\,個 - 50\,個）} \times 100\,個 + \frac{3,300\,円 + 17,220\,円}{60\,個^{*1} + （350\,個^{*2} - 30\,個^{*3}）} \times 80\,個 = 9,220\,円$$

*1　60 個 = 120 個 × 0.5

*2　350 個 = 300 個 + （50 個 × 0.6） + （100 個 × 0.8） − （120 個 × 0.5）

*3　30 個 = 50 個 × 0.6

●完成品原価

（19,600 円 + 20,520 円） − 9,220 円 = 30,900 円

月末仕掛品は仕損の発生点を通過しているため、完成品と月末仕掛品の両者負担となります。

〈仕損費を完成品のみが負担するケース〉

（資　料）

①生産データ　　　　　　　　②原価データ

			材料費	加工費
月初仕掛品	120 個 （0.5）	月初仕掛品	5,500 円	3,320 円
当月投入	330 個	当月投入	14,750 円	18,000 円
合　計	450 個			

・材料は工程の始点ですべて投入した。
・（　　）内は仕上り程度、発生点を示す。

仕　　損	50 個 （0.8）
月末仕掛品	100 個 （0.7）
完成品	300 個

・月末仕掛品の評価は平均法である。
・仕損品の評価額はゼロとする。

●月末仕掛品原価

月末仕掛品の仕上り程度(0.7)＜仕損の発生点(0.8)より、完成品のみ負担。

$$\frac{5,500\,円 + 14,750\,円}{120\,個 + 330\,個} \times 100\,個 + \frac{3,320\,円 + 18,000\,円}{60\,個^{*1} + 350\,個^{*2}} \times 70\,個 = 8,140\,円$$

*1　60 個 = 120 個 × 0.5

*2　350 個 = 300 個 + （50 個 × 0.8） + （100 個 × 0.7） − （120 個 × 0.5）

●完成品原価

（20,250 円 + 21,320 円） − 8,140 円 = 33,430 円

結論として、月末仕掛品は仕損の発生点を通過していないため、完成品だけに仕損費を負担させます。

作業くず・副産物の処理

●作業くず

鉄くずやおがくずなどで、製品の製造過程で発生する有価値のくずです。

●副産物

副産物とは、主産物の製造過程から必然的にできる物品で、主産物と比較して経済的価値が低いものです。

●副産物の処理

- 評価額（見積売却価額 − 見積販売費）を主産物の総合原価から控除する（原則）。
- 軽微な副産物は、売却収入を雑益とすることができる（例外）。

●計算パターン

Step1

副産物も生産データに含めて、原価を（完成品＋副産物）と月末仕掛品に配分

Step2

（完成品＋副産物）への配分額から評価額を差し引く。残りが完成品原価

総合原価計算の計算方法

月初仕掛品がない場合

基本 ★★★☆☆	check!	日付	/	/	/
➡ 解答・解説 P.28		✓			

▼次の資料から、解答用紙の総合原価計算表を完成させなさい。

（資　料）

①生産データ

月初仕掛品	0 個
当月投入	5,800
合　計	5,800 個
月末仕掛品	800 (0.4)
完成品	5,000 個

②原価データ

	材料費	加工費
当月投入	504,600 円	425,600 円

③その他

材料は工程の始点で投入される。また、上記仕掛品の（　　）内の数値は仕上り程度である。

総合原価計算表　　　　　　　　　　　　（単位：円）

摘　　要	材　料　費	加　工　費	合　　計
月初仕掛品原価	0	0	0
当 月 製 造 費 用	504,600	425,600	930,200
合　　計	504,600	425,600	930,200
月末仕掛品原価			
完成品総合原価			
完成品単位原価	@	@	@

Section

2 単純総合原価計算～1種類の製品の生産～

問題

2 先入先出法・平均法

➡ 解答・解説 P.29

基本 ★★★★☆ check!

日付	/	/	/
✓			

▼次の資料にもとづき、(A)平均法、(B)先入先出法により、それぞれ月末仕掛品原価、完成品総合原価、完成品単位原価を計算しなさい。ただし、完成品単位原価は小数点以下第3位を四捨五入すること。

(資　料)

①生産データ

月初仕掛品	600個(0.3)
当月投入	8,500
合　計	9,100個
月末仕掛品	400 (0.2)
完　成　品	8,700個

②原価データ

	材　料　費	加　工　費
月初仕掛品	102,500円	25,400円
当月投入	1,581,000円	1,423,300円

(注1)材料は工程の始点で投入される。

(注2)(　　)内の数値は仕上り程度である。

(A)平　均　法

月末仕掛品原価	円
完成品総合原価	円
完成品単位原価 @	円

(B)先入先出法

月末仕掛品原価	円
完成品総合原価	円
完成品単位原価 @	円

問題 3 平均法

▼次の資料から、平均法によって総合原価計算表を完成させ仕掛品勘定の記入を行いなさい。

（製品Rの当月生産データ）

月初仕掛品	400 kg	（50％）
当 月 投 入	7,600	
投入量合計	8,000 kg	
完 成 品	7,200 kg	
月末仕掛品	800	（25％）
生産量合計	8,000 kg	

なお、原料は工程の始点で投入される。上記仕掛品の（　）内の数値は、仕上り程度を示す。

総合原価計算表　　　　　　　　（単位：円）

摘　　要	原 料 費	加 工 費	合　　計
月初仕掛品原価	74,400	19,200	93,600
当 月 製 造 費 用	1,485,600	757,800	2,243,400
合　　計	1,560,000	777,000	2,337,000
差引：月末仕掛品原価			
完成品総合原価			
完成品単位原価	@	@	@

仕　掛　品　　　　（単位：円）

前 月 繰 越	（　　　　）	製　　　　品	（　　　　）
材　　　　料	（　　　　）	次 月 繰 越	（　　　　）
諸　　　　口	（　　　　）		
	（　　　　）		（　　　　）

問題 **4** 勘定記入

基本 ★★★★★　check!

➡解答・解説 P.34

日付	/	/	/
✓			

▼株式会社池袋製作所では電機メーカー向けに電子機器部品Ａを製造、販売している。下記の10月の資料を参照して、解答用紙の各勘定への記入を行いなさい。

【資　料】

1．月初仕掛品は300個、仕上り程度は50％であり、直接材料費は408,300円、加工費は247,830円である。

2．材料費について

(1)　部品Ａの製造に使用する素材につき、当月の受け入れ(すべて掛購入)および払出しは以下のとおりであった。なお、次月繰越額は月次総平均法によって計算している。

10/1	前月繰越	400kg	@680円	272,000円
10/3	材料購入	2,800kg	@712円	1,993,600円
10/6	材料消費	1,600kg		
10/17	材料消費	1,300kg		

(2)　補助材料につき、当月の受け入れ（すべて掛購入）は420,000円、払出しは340,000円であった。なお、前月繰越額はなかった。

3．労務費について

(1)　直接工に支払われる当月の基本給と加給金は1,500,000円であり、当月の延べ作業時間は1,000時間である。このうち、直接作業時間は850時間であり、それ以外は間接作業時間および手待時間であった。なお、前月未払分が120,000円、当月未払分が150,000円ある。

(2)　間接工および事務員への当月の賃金給料支給総額は360,000円であり、前月未払分が65,000円、当月未払分が45,000円ある。

4．経費について

(1)　当月の水道光熱費の請求額は235,000円であるが、前月未払分が50,000円、当月未払分が60,000円ある。

(2)　保険料(年額600,000円)と減価償却費(年額816,000円)の当月分を計上する。

5．部品Ａの当月完成品は1,300個、月末仕掛品は500個である。なお、月末仕掛品の仕上り程度は80％である。

6．当社では、月末仕掛品原価は先入先出法によって計算している。

7．素材は工程の始点ですべて投入されるとみなして計算する。

8．当月の部品Ａの販売量は900個であり、残りは倉庫に保管している。なお、すべて掛販売で、販売価格は@4,200円であった。また、前月繰越額はなかった。

材　　　　料

前 月 繰 越	（　　　　）	仕 掛 品	（　　　　）
〔　　　　〕	（　　　　）	〔　　　　〕	（　　　　）
		次 月 繰 越	（　　　　）
	（　　　　）		（　　　　）

賃　金　給　料

諸　　　　口	（　　　　）	前 月 未 払 額	（　　　　）
当 月 未 払 額	（　　　　）	〔　　　　〕	（　　　　）
		製 造 間 接 費	（　　　　）
	（　　　　）		（　　　　）

経　　　　費

水 道 光 熱 費	（　　　　）	〔　　　　〕	（　　　　）
保　険　料	（　　　　）		
減 価 償 却 費	（　　　　）		
	（　　　　）		（　　　　）

製　造　間　接　費

材　　　　料	（　　　　）	〔　　　　〕	（　　　　）
〔　　　　〕	（　　　　）		
経　　　　費	（　　　　）		
	（　　　　）		（　　　　）

仕　　掛　　品

前 月 繰 越	（　　　　）	製　　　　品	（　　　　）
〔　　　　〕	（　　　　）	〔　　　　〕	（　　　　）
賃 金 給 料	（　　　　）		
製 造 間 接 費	（　　　　）		
	（　　　　）		（　　　　）

製　　　　品

〔　　　　〕	（　　　　）	売 上 原 価	（　　　　）
		次 月 繰 越	（　　　　）
	（　　　　）		（　　　　）

売　上　原　価

〔　　　　〕	（　　　　）		

売　　　　上

		〔　　　　〕	（　　　　）

Section 3 仕損・減損の処理

問題 5 正常減損度外視法①

基本 ★★★★☆ check!

➡ 解答・解説 P.36

日付	/	/	/
✓			

▼以下の資料にもとづき、平均法により月末仕掛品原価、完成品総合原価および完成品単位原価を計算しなさい。

(資　料)

(1)生産データ

月 初 仕 掛 品	200kg	(0.5)
当 月 投 入	1,000	
合　　計	1,200kg	
正 常 減 損	100	(0.2)
月 末 仕 掛 品	300	(0.4)
完 成 品	800kg	

(注1)材料は工程の始点ですべて投入される。
(注2)（　　）内の数値は仕上り程度を示す。

(2)原価データ

	材 料 費	加 工 費
月 初 仕 掛 品	52,000円	14,000円
当 月 投 入	229,600円	109,280円

(3)その他

正常減損費は、度外視法により正常減損の発生点と月末仕掛品の仕上り程度を比較し、適切に負担させる。

月末仕掛品原価		円
完成品総合原価		円
完成品単位原価	@	円

▼以下の資料にもとづき、平均法により月末仕掛品原価、完成品総合原価および完成品単位原価を計算しなさい。

(資　料)

(1)生産データ

月 初 仕 掛 品	300kg	(0.6)
当 月 投 入	1,200	
合　　計	1,500kg	
正 常 減 損	200	（1）
月 末 仕 掛 品	300	(0.4)
完　成　品	1,000kg	

(注１)材料は工程の始点ですべて投入される。
(注２)（　　）内の数値は仕上り程度を示す。

(2)原価データ

	材 料 費	加 工 費
月 初 仕 掛 品	105,000円	27,000円
当 月 投 入	409,500円	167,040円

(3)その他

正常減損費は、度外視法により正常減損の発生点と月末仕掛品の仕上り程度を比較し、適切に負担させる。

月末仕掛品原価		円
完成品総合原価		円
完成品単位原価	@	円

問題
7 正常減損度外視法（発生点不明の場合）

応用 ★★★★☆ check!

→ 解答・解説 P.40

日付	/	/	/
✓			

▼昭和工場では、製品甲を連続生産しており、単純総合原価計算を行っている。下記の資料にもとづいて、解答用紙の原価計算表を作成しなさい。ただし、原価投入額を完成品総合原価と月末仕掛品原価に配分するために、先入先出法を用いること。

（資　料）

1. 当月の生産実績

月 初 仕 掛 品	100 kg（1/2）
当 月 投 入	700
合　　計	800 kg
完 　 成 　 品	500 kg
月 末 仕 掛 品	200　（1/2）
正 　 常 　 減 　 損	100
合　　計	800 kg

2. 原料はすべて工程の始点で投入されている。

3. （　）内の数値は、仕上り程度を示している。

4. 工程の途中で減損が発生している。減損は正常減損であり、いわゆる正常減損度外視法により、正常減損費はすべて良品に負担させる。なお、正常減損は工程の途中で発生しているので、完成品のみに負担させず、月末仕掛品にも負担させること。

総合原価計算表　　　　　　　　　　　　　　（単位：円）

	原 料 費	加 工 費	合　　計
月初仕掛品原価	40,000	25,000	65,000
当 月 製 造 費 用	315,000	275,000	
合　　計		300,000	
月 末 仕 掛 品 原 価			
完 成 品 総 合 原 価			

Section 4　作業くず・副産物の処理

問題 8　**副産物の処理①**

基本 ★★★☆☆ check!
➡解答・解説 P.42

日付	/	/	/
✓			

▼次の資料にもとづいて、副産物評価額、月末仕掛品原価、完成品総合原価および完成品単位原価を計算しなさい(平均法による)。

(資　料)

(1)生産データ

月 初 仕 掛 品	300kg (0.6)
当 月 投 入	1,400
合　　計	1,700kg
月 末 仕 掛 品	400　 (0.4)
副　産　物	100
完 成 品	1,200kg

(注1)材料は工程の始点ですべて投入される。
(注2)(　　)内の数値は仕上り程度を示す。

(2)原価データ

	材 料 費	加 工 費
月 初 仕 掛 品	85,860円	35,040円
当 月 投 入	378,240円	201,480円

(3)副産物のデータ

①分離点の仕上り程度は1である。

②見積売却価額は1kgあたり @150円、売却までに要する見積販売費は1kgあたり @15円である。

副 産 物 評 価 額	_____	円
月 末 仕 掛 品 原 価	_____	円
完 成 品 総 合 原 価	_____	円
完 成 品 単 位 原 価	@　_____	円

副産物の処理②

基本 ★★★★☆ check!

➡ 解答・解説 P.43

日付 / / /

▼次の資料にもとづいて、仕掛品勘定を完成させなさい。なお、月末仕掛品の評価は先入先出法による。

1 原 価 資 料 　　材 料 費 　　加 工 費
　　月初仕掛品原価 　￥ 17,500 　￥ 16,200
　　当 月 製 造 費 用 　217,600 　322,400

2 製 造 数 量
　　月 初 仕 掛 品 　　500kg 　仕上り程度　60%
　　当 月 投 入 量 　　6,400
　　　　合　計 　　6,900kg
　　月 末 仕 掛 品 　　800 　仕上り程度　50%
　　　　差　引 　　6,100kg
　　副 　産 　物 　　100 　工程の終点で分離する。
　　主 　産 　物 　　6,000kg

材料は、製造の着手のときにすべて投入されている。

仕　掛　品

前 月 繰 越	（　　　）	製　　品	（　　　）
材　　料	（　　　）	副 産 物	9,700
諸　　口	（　　　）	次 月 繰 越	（　　　）
	（　　　）		（　　　）
前 月 繰 越	（　　　）		

問題 10　副産物の処理③

基本　★★★★☆　check!

➡解答・解説 P.45

日付	/	/	/
✓			

▼次の資料にもとづいて、総合原価計算表を完成させなさい。

〔資　料〕

1．当月の生産データ
   - 月初仕掛品　　　 —
   - 当月投入　3,000kg（材料は工程の始点で投入）
   - 月末仕掛品　 400kg（仕上り程度 50％）
   - 差　引　2,600kg
   - 副 産 物　 200kg（工程の終点で発生）
   - 完 成 品　2,400kg

2．当月の原価データ
   - 材　料　費　600,000円
   - 加　工　費　504,000円

3．副産物は 1 kgあたり140円の材料として再利用できる見込みである。

総合原価計算表　　　　　　　　　　　（単位：kg、円）

摘　要	材料費		加工費		合　計
	数　量	金　額	換算量	金　額	金　額
当月投入					
−）月末仕掛品					
差　引					
−）副 産 物					
完 成 品					
単位原価					

Chapter 5
とおるポイント

工程別総合原価計算

● **工程別総合原価計算とは**

2つ以上の工程をもって製品を製造する場合に、正確な製品原価の計算と、工程ごとの原価管理を行うための計算方法です。

● **計算方法**

①各工程における $\Rightarrow$ ②工程間の $\Rightarrow$ ③完成品原価
　原価の集計 　　　　　原価の振替え 　　　　の振替え

---

①第1工程における原価の発生

(借)第1工程仕掛品	6,000	(貸)材　　　　　料	1,500
		賃　　　　　金	2,000
		製 造 間 接 費	2,500

②第1工程完成品の第2工程への振替え

(借)第2工程仕掛品	7,000	(貸)第1工程仕掛品	7,000

③第2工程における原価の発生

(借)第2工程仕掛品	6,800	(貸)賃　　　　　金	3,200
		製 造 間 接 費	3,600

④完成品の振替え

(借)製　　　　　品	16,000	(貸)第2工程仕掛品	16,000

これを勘定連絡の形で表すと、次のようになります。

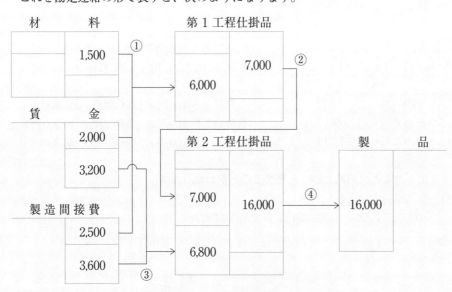

Section 2 組別総合原価計算

●組別総合原価計算とは

組別総合原価計算とは、異種製品を組別に連続生産するという生産形態をとる場合に適用される方法です。

●計算方法

①組直接費の各組製品への賦課

↓

②組間接費の各組製品への配賦

↓

③組別の完成品原価と月末仕掛品原価の計算

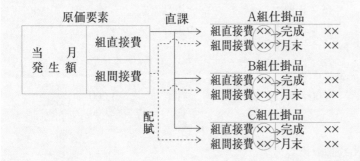

(資　料)

組製品A、B、Cについての原価の発生状況は、次のとおりである。

	A 製 品	B 製 品	C 製 品	合　計
組 直 接 費	80,000 円	50,000 円	30,000 円	160,000 円
組 間 接 費	240,000 円			240,000 円
直 接 作 業 時 間	1,000 時間	800 時間	600 時間	2,400 時間

月初および月末仕掛品はゼロであった。

①配賦基準を組直接費の金額とした場合

配賦率：240,000円÷160,000円＝1.5

A製品：1.5×80,000円＝120,000円
B製品：1.5×50,000円＝ 75,000円
C製品：1.5×30,000円＝ 45,000円

②配賦基準を直接作業時間とした場合

配賦率：240,000円÷2,400時間＝@100円

A製品：@100円×1,000時間＝100,000円
B製品：@100円× 800時間＝ 80,000円
C製品：@100円× 600時間＝ 60,000円

配賦基準を変化させると、配賦金額も変化することがわかります。

②の場合の完成品原価：

A製品：180,000円、B製品：130,000円、C製品：90,000円

等級別総合原価計算

●等級別総合原価計算とは

等級別総合原価計算とは、等級別に区別できるような同種製品を連続生産するという生産形態をとる場合に適用される方法です。

●(1)意義

等級別総合原価計算とは、同一の工程において同種製品（等級製品：形状、大きさ、品位等の異なった製品）を大量生産する場合に適用される原価計算の方法です。

●(2)勘定の流れ

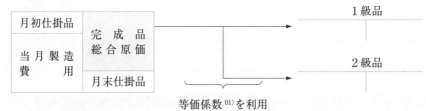

等価係数[01]を利用

01) 等価係数は基準製品を 1 とした場合の他製品の原価負担の割合をいいます。下記設例においては 1 級品に比べ 2 級品は半分の(0.5)でよいことを示しています。

完成品総合原価　14,000 円（ 1 級品：70kg、 2 級品：60kg）

各等級製品の等価係数 $\dfrac{1 級品}{1}$ $\dfrac{2 級品}{0.5}$

製　品	生産量	×等価係数	＝積　数	按分原価
1 級品	70kg	1	70	9,800円…①
2 級品	60kg	0.5	30	4,200円…②
			100	14,000円

① $14{,}000円 \times \dfrac{70}{100} = 9{,}800円$ ② $14{,}000円 \times \dfrac{30}{100} = 4{,}200円$

●(3)計算方法

①単純総合原価計算に近い方法

A：単純総合原価計算に近い方法（月末仕掛品に等価係数を加味しない方法）

この方法はいったん単純総合原価計算と同じように完成品総合原価を一括して計算し、次に各等級製品に等価係数を用いて配分する方法です。この方法は、仕掛品を等級製品別に把握していない場合に使われます。

B：単純総合原価計算に近い方法(月末仕掛品にも等価係数を加味する方法)
　　　仕掛品が等級製品別に把握されている場合、仕掛品にも等価係数
　　　を掛けて計算します。

②組別総合原価計算に近い方法
　　この方法は、一定期間の製造費用を、原価要素ごと（原料費、加工費）
　に各等級製品に按分し、あとは組製品であるかのように考えて製品ごと
　に原価を計算する方法です。

●総合原価計算の種類

原価計算方法	製品種類
単 純 総 合 原 価 計 算	単 　 一 　 製 　 品
組 別 総 合 原 価 計 算	複 数 異 種 製 品
等 級 別 総 合 原 価 計 算	複 数 同 種 製 品

Section 4 連産品原価計算

●連産品
　同一材料、同一工程から必然的に生じる種類の異なる製品のことです。
各連産品は互いに主副の区別ができません。

完成品単価の計算では、積数ではなく完成品量を用いてください。

Section 1 工程別総合原価計算

問題 1 半製品の振替え

基本 ★☆☆☆☆ check!

➡ 解答・解説 P.46

日付	/	/	/
✓			

▼以下の一連の取引の仕訳を示しなさい。

1. 工程別総合原価計算において、第1工程で1,000個（@600円）の製造が完了し、このうち800個を第2工程に引き渡した。なお、第1工程完了品も販売可能である。
2. 倉庫に保管中の販売可能な第1工程完了品のうち、150個を第2工程へ出庫した。

（単位：円）

	借 方 科 目	金 額	貸 方 科 目	金 額
1				
2				

問題 2 原価計算表の作成・勘定記入

基本 ★★★★☆ check!

➡ 解答・解説 P.47

日付	/	/	/
✓			

▼A工場では、実際工程別総合原価計算を行っている。当月における下記の資料にもとづき、工程別総合原価計算表の作成および勘定記入・締切りを行いなさい。

（資 料）

①生産データ

	第1工程	第2工程
月初仕掛品	80kg (0.4)	60kg (0.4)
当 月 投 入	280	320
合 計	360kg	380kg
月末仕掛品	40 (0.6)	80 (0.4)
完 成 品	320kg	300kg

（注1）材料はすべて工程の始点で投入される。

（注2）（　）内の数値は仕上り程度を示す。また、第1工程の完成品はすべて第2工程へ振り替えた。

②原価データ

	第1工程	第2工程
月初仕掛品		
材 料 費	8,160 円	—
前工程費	—	9,190 円
加 工 費	1,466 円	4,600 円
当 月 投 入		
材 料 費	27,440 円	—
前工程費	— 円	？ 円
加 工 費	13,416 円	56,820 円

③その他

月末仕掛品の評価は、第1工程では先入先出法により、第2工程では平均法により、それぞれ計算すること。

工程別総合原価計算表　　　　　　（単位：円）

摘　要	第 1 工 程			第 2 工 程		
	材料費	加工費	合　計	前工程費	加工費	合　計
月初仕掛品	8,160	1,466	9,626	9,190	4,600	13,790
当月投入	27,440	13,416	40,856		56,820	
合　　計	35,600	14,882	50,482		61,420	
月末仕掛品						
完成品原価						
完成品単価	——	——	——	@	@	@

仕 掛 品 ― 第 1 工 程　　　　（単位：円）

前 月 繰 越	（　　　）	仕掛品―第2工程	（　　　）
材 　料 　費	（　　　）	次 月 繰 越	（　　　）
加 　工 　費	（　　　）		
	（　　　）		（　　　）
前 月 繰 越	（　　　）		

仕 掛 品 ― 第 2 工 程　　　　（単位：円）

前 月 繰 越	（　　　）	製　　　品	（　　　）
仕掛品―第1工程	（　　　）	次 月 繰 越	（　　　）
加 　工 　費	（　　　）		
	（　　　）		（　　　）
前 月 繰 越	（　　　）		

工程別総合原価計算

➡解答・解説 P.49

▼全経工業株式会社は、工程別総合原価計算を採用している。下記の資料を参照して、各勘定の記入及び工程別原価計算表を作成しなさい。

資　料

a. 材料は第1工程始点ですべて投入され、加工費は製造の進行に応じて消費される。

b. 第1工程完了品のうち、一部は外部へ販売する目的で倉庫に保管し、残りはただちに第2工程に投入され、加工されて完成品となる。

c. 最終工程である第2工程の終点において、副産物が分離される。

d. 製品払出高の計算は、先入先出法によっている。

e. 半製品払出高の計算は、先入先出法によっている。

f. 月初製品　　　　　400個　　　@¥550

g. 月初半製品　　　　110個　　　@¥210

h. 月初副産物　　　　 60個　　　@¥115

i. 月初仕掛品　　　　第1工程　　500個（仕上り程度　50%）

　　　　　　　　　　　　　　　直接材料費　　　¥60,000

　　　　　　　　　　　　　　　加　工　費　　　¥27,500

　　　　　　　　　　　第2工程　　700個（仕上り程度　60%）

　　　　　　　　　　　　　　　前 工 程 費　　　¥113,200

　　　　　　　　　　　　　　　加　工　費　　　¥100,600

j. 月末製品　　　　　600個

k. 月末半製品　　　　130個

l. 月末副産物　　　　 50個

m. 月末仕掛品　　　　第1工程　　550個（仕上り程度　40%）

　　　　　　　　　　　第2工程　　600個（仕上り程度　50%）

n. 月末仕掛品の評価は、第1工程が平均法、第2工程が先入先出法によっている。

取　引

1. 第1工程で材料1,230kgを消費した。材料払出高の計算は、平均法によっている。

　　　月初棚卸高　　180kg　　@¥580　　　当月仕入高　　1,200kg　　@¥603

2. 賃金を加工費として、次のとおり消費した。

　　　月初未払高　¥322,000　　当月支払高　¥1,816,800　　月末未払高　¥276,900

　　第1工程の消費高は¥467,400であり、第2工程の消費高は各自計算する。

3. 経費を加工費として、次のとおり消費した。

　　　月初前払高　¥128,000　　当月支払高　¥636,200　　月末前払高　¥152,000

　　　減価償却費の当月計上額　¥147,000

　　第2工程の消費高は¥558,900であり、第1工程の消費高は各自計算する。

4. 第1工程完了品のうち600個を倉庫に保管し、残りの5,500個はただちに第2工程へ引き渡した。

5. 第2工程で製品5,400個が完成した。そのさい、第2工程の終点において副産物200個が分離した。なお、副産物の評価額は、¥24,000である。

6．製品5,200個を@¥850で販売し、代金は掛けとした。同時に、製品の売上原価も計上する。

7．半製品580個を@¥350で販売し、代金は現金で受け取った。同時に半製品の売上原価も計上する。

8．副産物210個を¥37,800で販売し、代金は現金で受け取った。なお、その売上原価は、¥25,150である。同時に、副産物の売上原価も計上する。

9．費用勘定を月次損益勘定へ振り替えた。

第 1 工程仕掛品

前 月 繰 越	(	)	(	)	(	)
(	(	)	半 製 品	(	)	
賃 金	(	)	次 月 繰 越	(	)	
経 費	(	)				
	(	)		(	)	
前 月 繰 越	(	)				

第 2 工程仕掛品

前 月 繰 越	(	)	製 品	(	)	
(	(	)	(	(	)	
経 費	(	)	次 月 繰 越	(	)	
第1工程仕掛品	(	)				
	(	)		(	)	
前 月 繰 越	(	)				

製 品

前 月 繰 越	(	)	(	(	)	
(	(	)	次 月 繰 越	(	)	
	(	)		(	)	
前 月 繰 越	(	)				

半 製 品

前 月 繰 越	(	)	半製品売上原価	(	)	
(	(	)	(	(	)	
	(	)		(	)	
前 月 繰 越	(	)				

副　産　物

（　　　　　）	（　　　　）	（　　　　　　　）	（　　　　）
第２工程仕掛品	（　　　　）	**次　月　繰　越**	（　　　　）
	（　　　　）		（　　　　）
前　月　繰　越	（　　　　）		

売　上　原　価

製　　　　　品	（　　　　）	（　　　　　　　）	（　　　　）

半製品売上原価

（　　　　　）	（　　　　）	月　次　損　益	（　　　　）

副産物売上原価

副　産　物	（　　　　）	（　　　　　　　）	（　　　　）

工程別原価計算表

摘　　　要	第１工程	第２工程	合　　　計
当月製造費用			
直接材料費	（　　　　）	（　　　　）	（　　　　）
加　工　費	（　　　　）	（　　　　）	（　　　　）
前　工　程　費	（　　　　）	（　　　　）	（　　　　）
計	（　　　　）	（　　　　）	（　　　　）
月初仕掛品原価			
直接材料費	（　　　　）	（　　　　）	（　　　　）
加　工　費	（　　　　）	（　　　　）	（　　　　）
前　工　程　費	（　　　　）	（　　　　）	（　　　　）
計	（　　　　）	（　　　　）	（　　　　）
月末仕掛品原価			
直接材料費	（　　　　）	（　　　　）	（　　　　）
加　工　費	（　　　　）	（　　　　）	（　　　　）
前　工　程　費	（　　　　）	（　　　　）	（　　　　）
副産物評価額	（　　　　）	（　　　　）	（　　　　）
工程完成品原価	（　　　　）	（　　　　）	（　　　　）
工程完成品数量	6,100 個	5,400 個	－
工程完成品単価	（@¥　　　）	（@¥　　　）	－
次工程振替額	（　　　　）	－	－

Section 2 組別総合原価計算

問題 4 組別総合原価計算①

基本 ★★☆☆☆ check!

➡ 解答・解説 P.55

日付 / / /

▼以下の取引の仕訳を示しなさい。

1. 組別総合原価計算において、組間接費1,000,000円をA組に55%、B組に45%の割合で配賦した。

2. 組別総合原価計算において組製品が完成したので、各組の完成品原価（A組完成品原価1,200,000円　B組完成品原価700,000円）を計上した。

(単位：円)

	借　方　科　目	金　　　額	貸　方　科　目	金　　　額
1				
2				

問題 5 組別総合原価計算②

基本 ★★★★☆ check!

➡ 解答・解説 P.56

日付 / / /

▼次の資料により、組製品AおよびBについて組別総合原価計算表を完成させなさい。

(資　料)

(1)原価データ

	製　品　A	製　品　B
月初仕掛品		
直接材料費	177,000円	85,000円
加　工　費	64,500円	23,000円
当月投入		
直接材料費	2,127,000円	768,000円
直接労務費	1,308,000円	377,000円
組　間　接　費	2,440,000円	

(2)生産データ

	製　品　Ａ	製　品　Ｂ
月初仕掛品	400kg（1/4）	300kg（1/2）
当月投入	6,000	2,000
合　計	6,400kg	2,300kg
月末仕掛品	600（1/2）	200（3/4）
完成品	5,800kg	2,100kg

（注１）材料は工程の始点で投入される。
（注２）（　）内の数値は仕上り程度である。

(3)その他

①組間接費は、当月の直接材料費と直接労務費の合計額を基準として配賦する。

②仕掛品の評価は、製品Ａは平均法、製品Ｂは先入先出法で行う。

③完成品単位原価は小数点以下第３位を四捨五入すること。

組別総合原価計算表　　　　　　　　　　（単位：円）

摘　　　要	製　品　Ａ	製　品　Ｂ	合　　　計
月初仕掛品原価	241,500	108,000	349,500
当月製造費用			
直接材料費	2,127,000	768,000	2,895,000
直接労務費	1,308,000	377,000	1,685,000
組間接費			2,440,000
合　　　計			
月末仕掛品原価			
完成品総合原価			
完成品単位原価	@	@	———

➡ 解答・解説 P.57

▼全経工業株式会社は、組別総合原価計算を採用し、A組とB組2種類の製品を製造している。下記の資料を参照して、各勘定の記入および原価計算表を作成しなさい。

資　料

a．月初勘定残高（一部）

　　素　　　材　　¥463,800

　　A組仕掛品　　¥237,300（うち直接材料費　¥128,400　　加工費　¥108,900）

　　B組仕掛品　　¥261,300（うち直接材料費　¥148,200　　加工費　¥113,100）

　　A 組 製 品　　¥480,600（　900個）

　　B 組 製 品　　¥469,000（1,000個）

b．賃金給料勘定に、月初未払高¥368,000がある。

c．経費勘定に、月初前払高¥112,000がある。

d．素材はすべて製造着手のとき投入し、加工費は製造の進行につれて消費する。

e．B組製品の製造工程の終点において、副産物が分離される。

f．月末仕掛品の評価は平均法により、売上原価の計算は先入先出法による。

取　　引

1．素材¥3,078,000を掛けで購入し、引取運賃¥37,500は小切手を振り出して支払った。

2．素材の消費高の内訳は、次のとおりであった。なお、当月末帳簿棚卸高は¥486,400であり、棚卸減耗はなかった。

A　　組	B　　組	組間接費
¥1,466,900	¥各自推算	¥257,200

3．当月分の賃金¥3,051,000から預り金¥337,000を差し引き、当座預金から各人の預金口座へ振り込んだ。

4．賃金給料の消費高の内訳は、次のとおりであった。なお、賃金の月末未払高¥384,000があった。

A　　組	B　　組	組間接費
¥1,313,300	¥1,367,900	¥各自推算

5．経費¥568,200を小切手を振り出して支払った。

6．減価償却費の年間見積額は¥4,536,000であり、当月分を経費に計上した。

7．経費の消費高は、組直接費が¥297,600（内訳：A組　¥145,700　B組　¥151,900）であり、残りが上記の減価償却費を含めて組間接費であった。なお、経費の月末前払高¥117,600があった。

8．組間接費の実際発生高をA組に55%、B組に45%の割合で配賦した。

9．当月の製造状況は、次のとおりであった。

	A　組	B　組
月初仕掛品	600個（55％）	780個（50％）
当月投入	6,820	7,420
合　計	7,420個	8,200個
月末仕掛品	620（50％）	800（45％）
副産物	－	100
完成品	6,800個	7,300個

なお、仕掛品の（　）内は、仕上り程度をあらわす。

10．上記の副産物の評価額は¥32,400である。

11．当月のA組製品の販売状況は、次のとおりであり、すべて掛販売であった。なお、A組製品の販売時に売上原価も計上する。

販売量　6,900個　　　売価　@¥800

12．当月のB組製品の販売状況は、次のとおりであり、すべて掛販売であった。なお、B組製品の販売時に売上原価も計上する。

販売量　7,100個　　　売価　@¥700

素　　　材

前月繰越（　　）	（　　　　）（　　）
（　　　　）（　　）	B組仕掛品（　　）
当座預金（　　）	組間接費（　　）
	次月繰越（　　）
（　　）	（　　）
前月繰越（　　）	

賃　金　給　料

（　　　　）（　　）	未払賃金給料（　　）
預り金（　　）	A組仕掛品（　　）
未払賃金給料（　　）	B組仕掛品（　　）
	（　　　　）（　　）
（　　）	（　　）
	未払賃金給料（　　）

経　　　費

前 払 経 費	（　　　）	A 組 仕 掛 品	（　　　）
当 座 預 金	（　　　）	（　　　　）	（　　　）
（　　　　）	（　　　）	組 間 接 費	（　　　）
		前 払 経 費	（　　　）
	（　　　）		（　　　）
前 払 経 費	（　　　）		

組　間　接　費

素　　　材	（　　　）	（　　　　）	（　　　）
（　　　）	（　　　）	B 組 仕 掛 品	（　　　）
経　　　費	（　　　）		
	（　　　）		（　　　）

A　組　仕　掛　品

前 月 繰 越	（　　　）	（　　　）	（　　　）
（　　　　）	（　　　）	**次 月 繰 越**	（　　　）
賃 金 給 料	（　　　）		
経　　　費	（　　　）		
組 間 接 費	（　　　）		
	（　　　）		（　　　）
前 月 繰 越	（　　　）		

A　組　製　品

（　　　）	（　　　）	（　　　）	（　　　）
A 組 仕 掛 品	（　　　）	**次 月 繰 越**	（　　　）
	（　　　）		（　　　）
前 月 繰 越	（　　　）		

B 組 仕 掛 品

前 月 繰 越 （　　　）	B 組 製 品 （　　　）
素　　　　　材 （　　　）	（　　　　　） （　　　）
賃 金 給 料 （　　　）	**次 月 繰 越** （　　　）
経　　　　　費 （　　　）	
（　　　　　） （　　　）	
（　　　）	（　　　）
前 月 繰 越 （　　　）	

B 組 製 品

前 月 繰 越 （　　　）	売 上 原 価 （　　　）
（　　　　　） （　　　）	（　　　　　） （　　　）
（　　　）	（　　　）
前 月 繰 越 （　　　）	

A組原価計算表

摘　　　要	金　　額	
月 初 仕 掛 品		
直 接 材 料 費	（　　　）	
加 工 費	（　　　）	（　　　）
当 月 製 造 費 用		
組 直 接 費		
直 接 材 料 費	（　　　）	
直 接 労 務 費	（　　　）	
直 接 経 費	（　　　）	
組間接費配賦額	（　　　）	（　　　）
合　　　計		（　　　）
月 末 仕 掛 品		
直 接 材 料 費	（　　　）	
加 工 費	（　　　）	（　　　）
完 成 品 原 価		（　　　）
完 成 品 数 量		6,800 個
単 位 原 価		(@¥　　　)

摘　　　要	金　　　額	
月初仕掛品		
直接材料費	(　　　　　　　)	
加　工　費	(　　　　　　　)	(　　　　　　　　　)
当月製造費用		
組　直　接　費		
直接材料費	(　　　　　　　)	
直接労務費	(　　　　　　　)	
直接経費	(　　　　　　　)	
組間接費配賦額	(　　　　　　　)	(　　　　　　　　　)
合　　　　　計		(　　　　　　　　　)
月末仕掛品		
直接材料費	(　　　　　　　)	
加　工　費	(　　　　　　　)	(　　　　　　　　　)
副産物評価額		(　　　　　　　　　)
完成品原価		(　　　　　　　　　)
完成品数量		7,300 個
単位原価		(@¥　　　　　　　)

等級別総合原価計算

Section 3

問題 7 等級別総合原価計算①

基本 ★☆☆☆☆ check!

➡解答・解説 P.63

日付 ／ ／ ／

▼以下の取引の仕訳を示しなさい。

　等級別総合原価計算において、次のとおり各製品が完成した。ただし、当月の完成品総合原価は、1,400,000円であり、等価係数は重量による。

　　1級製品　30kg（1個あたりの重量）　　　1,000個(当月完成)
　　2級製品　20kg（1個あたりの重量）　　　2,000個(当月完成)

（単位：円）

借　方　科　目	金　　額	貸　方　科　目	金　　額

問題 8 **等級別総合原価計算②**

基本 ★★★☆☆ check!

➡ 解答・解説 P.64

日付	/	/	/
✓			

▼次の資料を用いて解答用紙の等級別総合原価計算表を完成させなさい。

（資　料）

①生産および原価データ

		材　料　費	加　工　費
月 初 仕 掛 品	500個(0.4)	199,600円	30,400円
当 月 投 入	800	320,000円	156,000円
合　　計	1,300個		
月 末 仕 掛 品	300 (0.8)		
完　成　品	1,000個		

材料は工程の始点で投入される。また、（　　　）内の数値は仕上り程度である。

②完成品数量の内訳（等価係数）

　A製品　600個(1.0)、B製品　300個(1.4)、C製品　100個(0.8)

③その他

　月末仕掛品の評価方法は先入先出法による。

等級別総合原価計算表

（単位：円）

製　　品	完成品数量	等価係数	積　　数	完成品原価	完成品単位原価
A　製　品	個				@
B　製　品	個				@
C　製　品	個				@
合　　　計	個	———			———

➡解答・解説 P.65

問題9 等級別総合原価計算③

基本 ★★★☆☆ check!

日付	/	/	/
✓			

▼等級別原価計算表と仕掛品勘定を完成しなさい。なお、等価係数は、各製品の重量による。

等 級 別 原 価 計 算 表

製　品	重　量	等価係数	生 産 量	積　数	あん分原価	単　　価
1級製品	（　　）g	（　　）	2,500個	2,500	¥（　　　　）	@¥（　　）
2級製品	240	0.8	（　　）	2,800	（　　　　）	（　　）
3級製品	120	（　　）	5,000	（　　）	（　　　　）	（　　）
				（　　）	¥　　1,314,000	

仕　掛　品

前 月 繰 越	195,000	（　　　　　　）	（　　　　）		
諸　　　　口	1,309,000	2　級　製　品	（　　　　）		
		3　級　製　品	（　　　　）		
		（　　　　　　）	（　　　　）		
	（　　　　）		（　　　　）		
前 月 繰 越	（　　　　）				

70

問題 10 等級別総合原価計算④
単純総合原価計算に近い等級別計算

基本 ★★★☆☆ check!

→ 解答・解説 P.67

日付	/	/	/
✓			

▼当社では、等級製品X、Yを生産しており、等級別総合原価計算を実施している。次の資料にもとづいて製品Xの完成品原価と製品Yの月末仕掛品原価を計算しなさい。なお、月初仕掛品の仕上り程度が不明であるため、平均法によって計算する。また、等級別の計算において、月初仕掛品と当月投入の原価を合計し、等価係数を用いて当月の完成品原価と月末仕掛品原価に按分している。

（資　料）
1．生産データ
月初仕掛品量　　　製品X　　340kg（？%）　　　製品Y　　300kg（？%）
当月投入量　　　5,560kg
当月完成品量　　　製品X　3,000kg　　　　　　製品Y　2,500kg
月末仕掛品量　　　製品X　　400kg（80%）　　製品Y　　300kg（60%）
（注）直接材料は工程の始点で投入している。（　）の数値は仕掛品の仕上り程度を示している。

2．原価データ
(1)直接材料費
月初仕掛品　　　製品X　35,000円　　　製品Y　5,920円
当月発生額　　　511,800円
(2)加工費
月初仕掛品　　　製品X　20,200円　　　製品Y　8,900円
当月発生額　　　304,100円

3．等価係数

	製品X	製品Y
直接材料費	1	0.8
加 工 費	1.2	1

製 品 X の 完 成 品 原 価 　□　円

製品Yの月末仕掛品原価 　□　円

▼当社では、等級製品X、Yを生産しており、等級別総合原価計算を実施している。次の資料にもとづいて製品Yの完成品原価を計算し、仕掛品勘定の記入を行いなさい。なお、正常仕損費については、度外視法により処理すること。

(資　料)
1．生産データ
　　　月初仕掛品量　　製品X　　700kg（40%）　製品Y　　650kg（60%）
　　　当 月 投 入 量　12,610kg
　　　当月完成品量　　製品X　6,060kg　　　　　製品Y　6,300kg
　　　月末仕掛品量　　製品X　　650kg（60%）　製品Y　　680kg（50%）
　　　正 常 仕 損 量　　製品X　　150kg（100%）製品Y　　120kg（100%）
　　（注）直接材料は工程の始点で投入している。（　）の数値は仕掛品の仕上り程度または仕損発生点を表している。なお、仕損品に処分価値はない。

2．原価データ
　（1）直接材料費
　　　月初仕掛品　　製品X　9,800円　　製品Y　5,850円
　　　当月発生額　150,450円
　（2）加 工 費
　　　月初仕掛品　　製品X　3,080円　　製品Y　4,680円
　　　当月発生額　125,586円

3．等価係数

	製品X	製品Y
直接材料費	1.0	0.6
加 工 費	1.2	1.0

4．当社では等価係数は直接材料費と加工費とを区別して、当月発生額を等級製品に配分するさいに使用している。したがって、組別総合原価計算に近い方法により計算する。

5．正常仕損は当月投入分から発生したものとして計算し、その負担は正常仕損発生点によって判断している。

6．月末仕掛品原価の計算は先入先出法によっている。

製 品 Y の 完 成 品 原 価 [　　　　　　　] 円

仕掛品（製品Y）　　　　　　（単位：円）

月 初 仕 掛 品	（　　　　）	完 　成 　品	（　　　　）
直 接 材 料 費	（　　　　）	月 末 仕 掛 品	（　　　　）
加 　工 　費	（　　　　）		

Section 4 連産品原価計算

➡ 解答・解説 P.70

問題 12 連産品原価計算表

基本 ★☆☆☆☆ check!

日付	／	／	／
✓			

▼次の資料によって、連産品原価計算表を作成し、A製品勘定を完成しなさい。

1. 当月製造費用：材　料　費　¥2,287,000　　　賃 金 給 料　¥3,225,000
　　　　　　　　　経　　　費　¥　404,000
2. 仕掛品棚卸高：月初棚卸高　¥　427,000　　　月末棚卸高　¥　398,000
3. 等価係数は、各製品の正常市価による。
4. 各製品の正常市価と数量

製　　品	正常市価	当月完成数量	月初棚卸数量	月末棚卸数量	当月販売数量
A 製 品	@¥2,000	1,500kg	300kg	250kg	1,550kg
B 製 品	1,200	3,000	350	400	2,950
C 製 品	400	4,000	500	450	4,050

5. 売上製品の払出単価は、平均法による。

連産品原価計算表

製品名	正常市価	等価係数	生産量	積数	あん分原価	単位原価
A 製 品	@¥		kg		¥	@¥
B 製 品						
C 製 品						

A　　　製　　　品

前　月　繰　越	399,000	（　　　　）	（　　　　）
（　　　）	（　　　　）	次　月　繰　越	（　　　　）
	（　　　　）		（　　　　）
前　月　繰　越	（　　　　）		

Chapter 6

とおるポイント

Section 1 損益計算書と貸借対照表

●損益計算書

　製造業では製造活動の結果、生産された製品を販売するため、損益計算書の売上原価の表示でも、期首製品棚卸高（期首に売れ残っていた製品の金額）に、当期製品製造原価（当期に完成した製品の製造原価）を加え、ここから期末製品棚卸高（期末に売れ残った製品の金額）を差し引くことによって売上原価を示します。

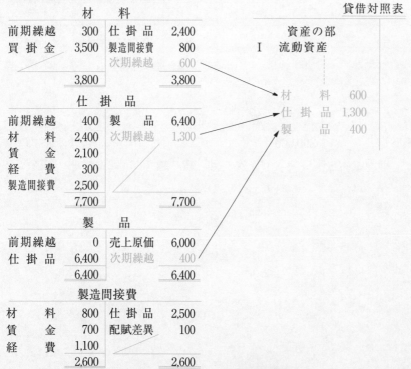

	製　　　品		
前期繰越	0	売上原価	6,000
仕掛品	6,400	次期繰越	400

	売上原価		
製　　品	6,000		

損益計算書（製造業）

Ⅰ	売　上　高		10,000
Ⅱ	売上原価		
	1　期首製品棚卸高	0	
	2　当期製品製造原価	6,400	
	合　　計	6,400	
	3　期末製品棚卸高	400	6,000
	売上総利益		4,000
Ⅲ	販売費・一般管理費		800
	営業利益		3,200

●貸借対照表

　製造業の貸借対照表には、流動資産の項目に製品、材料、仕掛品といった製造業特有の棚卸資産が記載されます。

	材　　　料		
前期繰越	300	仕掛品	2,400
買掛金	3,500	製造間接費	800
		次期繰越	600
	3,800		3,800

	仕　掛　品		
前期繰越	400	製品	6,400
材　　料	2,400	次期繰越	1,300
賃　　金	2,100		
経　　費	300		
製造間接費	2,500		
	7,700		7,700

	製　　　品		
前期繰越	0	売上原価	6,000
仕掛品	6,400	次期繰越	400
	6,400		6,400

	製造間接費		
材　　料	800	仕掛品	2,500
賃　　金	700	配賦差異	100
経　　費	1,100		
	2,600		2,600

貸借対照表

資産の部
Ⅰ　流動資産

材　　料	600
仕　掛　品	1,300
製　　品	400

製造原価報告書

●製造原価報告書

　製造原価報告書は、当期の製造活動の内容を明らかにするための報告書で、損益計算書上の「当期製品製造原価」の内訳明細書としての役割を果たします。

製 造 原 価 報 告 書　　（単位：円）

Ⅰ．直接材料費
　1．期首材料棚卸高　　1,000
　2．当期材料仕入高　　9,000
　　　　　計　　　　　 10,000
　3．期末材料棚卸高　　2,000　　　　　　8,000
Ⅱ．直接労務費　　　　　　　　　　　　 10,000
Ⅲ．製造間接費
　1．間 接 材 料 費　　4,000
　2．間 接 労 務 費　　5,000
　3．電　力　　料　　7,000
　4．保　険　　料　　6,000　　　　　 22,000
　　当 期 総 製 造 費 用　　　　　　　 40,000
　　期首仕掛品棚卸高　　　　　　　　　　7,000
　　　合　　計　　　　　　　　　　　　 47,000
　　期末仕掛品棚卸高　　　　　　　　　　2,000
　　当期製品製造原価　　　　　　　　　 45,000　◄─────┐

●損益計算書

損 益 計 算 書　　（単位：円）

Ⅰ．売　上　　高　　　　　　　　　　　 50,000
Ⅱ．売　上　原　価
　1．期首製品棚卸高　　　　0
　2．当期製品製造原価　 45,000　────────┘
　　　合　　計　　　 45,000
　3．期末製品棚卸高　 15,000　　　　 30,000
　　　売上総利益　　　　　　　　　　　 20,000

内訳を示している

損益計算書と貸借対照表

問題 1　損益計算書の作成

基本	★★★☆☆	check!

➡ 解答・解説 P.72

日付	／	／	／
✓			

▼次の資料にもとづき、損益計算書（一部）を完成させなさい。なお、製造間接費は予定配賦している。予定配賦率は、直接労務費の200％である。製造間接費の予定配賦から生じる原価差異は、売上原価に賦課すること。

（資　料）

1．棚卸資産

	期 首 有 高	当期仕入高	期 末 有 高
主要材料	1,750万円	6,500万円	1,650万円
仕 掛 品	2,330万円	—	2,250万円
製　　品	3,900万円	—	4,100万円

2．賃　金

	期首未払額	当期支払額	期末未払額
直 接 工	1,000万円	4,350万円	1,050万円

3．主要材料消費額＝直接材料消費額

直接工賃金消費額＝直接労務費である。

製造間接費の実際発生額は 9,000万円である。

損 益 計 算 書　　　（単位：万円）

Ⅰ	売　　上　　高		26,280
Ⅱ	売　上　原　価		
	1　期首製品棚卸高	（　　　　　）	
	2　当期製品製造原価	（　　　　　）	
	合　　　計	（　　　　　）	
	3　期末製品棚卸高	（　　　　　）	
	差　　引	（　　　　　）	
	4　原　価　差　異	（　　　　　）	（　　　　　）
	売上総利益		（　　　　　）

問題 2 仕掛品勘定と損益計算書

基本 ★★★★☆ check!

→ 解答・解説 P.74

日付	/	/	/
✓			

▼ X社の資料にもとづき、同社の仕掛品勘定および損益計算書を作成しなさい。ただし、製造間接費の予定配賦から生じる原価差異は、売上原価に賦課すること。

（資　料）　　　　　　　　　　　　　　　（単位：万円）

1.	直接工賃金支払高	2,100
2.	直接工賃金期首未払高	15
3.	直接工賃金期末未払高	20
4.	製造関係の事務職員給料　当期要支払額	245
5.	工場倉庫係の賃金　当期要支払額	215
6.	直接材料当期仕入高	5,180
7.	製造用切削油などの当期消費額	10
8.	工場減価償却費	490
9.	工場電力料・ガス代・水道料	300
10.	製造間接費予定配賦額	1,400
11.	売上高	11,900
12.	販売費及び一般管理費	2,240
13.	直接材料期首有高	350
14.	直接材料期末有高	410

仕　掛　品　　　　　（単位：万円）

前 期 繰 越	700	（　　　　　）	（　　　　　）
直 接 材 料 費	（　　　）	次 期 繰 越	1,050
直 接 労 務 費	（　　　）		
製 造 間 接 費	（　　　）		
（　　　）			（　　　　　）

損　益　計　算　書　　　　　（単位：万円）

（　　　　　）		（　　　　　　）
（　　　　　）		
期 首 製 品 有 高	1,120	
（　　　　　）	（　　　　　）	
合　　　計	（　　　　　）	
期 末 製 品 有 高	995	
差　　　引	（　　　　　）	
原 価 差 異	（□　　　　）	（　　　　　　）
売 上 総 利 益		（　　　　　　）
販売費及び一般管理費		（　　　　　　）
営 業 利 益		（　　　　　　）

（注）原価差異については、差引欄で算出した売上原価に対し加算するなら＋、売上原価から控除するなら－の記号を、□内に記入しなさい。

Section

2 製造原価報告書

問題 3　製造原価報告書の作成

基本 ★★★★☆　check!

日付	/	/	/
✓			

➡解答・解説 P.76

▼次の資料にもとづき、当社の製造原価報告書を作成しなさい。

（資　料）

1. 棚卸資産

	期首有高	当期仕入高	期末有高
主要材料	2,000円	10,000円	1,600円
補助材料	1,000円	6,000円	800円
仕掛品	5,000円	―	6,000円

2. 賃金

	期首未払高	当期支払高	期末未払高
直接工賃金	4,000円	14,000円	3,600円
間接工賃金	2,400円	6,000円	2,600円
給　料	1,600円	2,000円	1,400円

3. 経費実際発生額

　減価償却費　1,600円　　保険料　400円　　電力料　600円　　租税公課　200円

4. その他

　主要材料消費高は直接材料費、直接工賃金消費高は直接労務費とする。また、製造間接費は予定配賦しており、予定配賦率は直接労務費の120％である。

製造原価報告書　　（単位：円）

```
材  料  費
  主要材料費    (          )
  補助材料費    (          )      (          )
労  務  費
  直接工賃金    (          )
  間接工賃金    (          )
  給    料     (          )      (          )
経     費
  減価償却費    (          )
  保  険  料    (          )
  電  力  料    (          )
  租 税 公 課   (          )      (          )
    合    計                    (          )
  製造間接費配賦差異    【    】  (          )
  当期総製造費用                 (          )
  期首仕掛品原価                 (          )
    合    計                    (          )
  期末仕掛品原価                 (          )
  当期製品製造原価               (          )
```

＊【　】には＋（有利差異の場合）または－（不利差異の場合）を記入すること。

問題 **4** 製造原価報告書および
損益計算書の作成

ゴール ★★★★★ check!

➡ 解答・解説 P.78

日付	/	/	/
✓			

▼次の資料にもとづき、Ｈ工業の９月の製造原価報告書および損益計算書を完成させなさい(単位：円)。

(資　料)

1．棚卸資産有高

	月初有高	月末有高
素　　　　材	1,120,000	980,000
部　　　　品	280,000	140,000
補修用材料	70,000	56,000
燃　　　　料	112,000	98,000
仕　掛　品	1,680,000	1,960,000
製　　　　品	1,120,000	840,000

2．９月中の支払高等

素材仕入高	4,200,000
部品仕入高	1,120,000
補修用材料仕入高	140,000
燃料仕入高	420,000
直接工賃金当月支払高	2,240,000
直接工賃金前月未払高	280,000
直接工賃金当月未払高	420,000
間接工賃金当月支払高	840,000
間接工賃金前月未払高	112,000
間接工賃金当月未払高	84,000
電力料金(測定額)	210,000
保険料(月割額)	280,000
減価償却費(月割額)	700,000
水道料金(測定額)	140,000

3．製造間接費は直接材料費の50％を予定配賦している。なお、配賦差異は売上原価に賦課する。

製造原価報告書　　　　　　（単位：円）

Ⅰ　直 接 材 料 費
　　　　月 初 棚 卸 高　　（　　　　　　　）
　　　　当 月 仕 入 高　　（　　　　　　　）
　　　　　合　　　計　　　（　　　　　　　）
　　　　月 末 棚 卸 高　　（　　　　　　　）　（　　　　　　　　　）
Ⅱ　直 接 労 務 費　　　　　　　　　　　　　（　　　　　　　　　）
Ⅲ　製 造 間 接 費
　　　　間 接 材 料 費　　（　　　　　　　）
　　　　間 接 労 務 費　　（　　　　　　　）
　　　　電 力 料 金　　　（　　　　　　　）
　　　　保 険 料　　　　　（　　　　　　　）
　　　　減 価 償 却 費　　（　　　　　　　）
　　　　水 道 料 金　　　（　　　　　　　）
　　　　　合　　　計　　　（　　　　　　　）
　　　　製造間接費配賦差異　（　　　　　　　）　（　　　　　　　　　）
　　　　当月総製造費用　　　　　　　　　　　（　　　　　　　　　）
　　　　月初仕掛品原価　　　　　　　　　　　（　　　　　　　　　）
　　　　　合　　　計　　　　　　　　　　　　（　　　　　　　　　）
　　　　月末仕掛品原価　　　　　　　　　　　（　　　　　　　　　）
　　　　当月製品製造原価　　　　　　　　　　（　　　　　　　　　）

損 益 計 算 書　　　　　　　（単位：円）

Ⅰ　売　　上　　高　　　　　　　　　　　　19,600,000
Ⅱ　売　上　原　価
　　　　月 初 製 品 有 高　　（　　　　　　　）
　　　　当月製品製造原価　　　（　　　　　　　）
　　　　　合　　　計　　　　（　　　　　　　）
　　　　月 末 製 品 有 高　　（　　　　　　　）
　　　　原 価 差 異　　　　　（　　　　　　　）　（　　　　　　　　　）
　　　　売上総利益　　　　　　　　　　　　　（　　　　　　　　　）
　　　　　　　　（以下略）

問題 5 財務諸表の作成

➡解答・解説 P.80

▼次の資料および付記事項にもとづいて、全経工業株式会社の製造原価報告書、損益計算書および貸借対照表を作成しなさい。

（資料）
1．決算整理後残高試算表(カッコ内の金額は、各自推定しなさい。)

決算整理後残高試算表
×2年1月31日現在 （単位：円）

現 金 預 金	3,453,000	支 払 手 形	1,692,000
受 取 手 形	2,090,000	買 掛 金	3,155,000
売 掛 金	4,210,000	借 入 金	3,700,000
製 品	2,602,000	貸 倒 引 当 金	（ ）
材 料	1,410,000	建物減価償却累計額	1,647,000
仕 掛 品	919,000	機械減価償却累計額	1,818,000
貸 付 金	2,127,000	備品減価償却累計額	879,000
仮 払 法 人 税 等	814,000	資 本 金	17,000,000
建 物	8,400,000	繰越利益剰余金	981,000
機 械	3,800,000	未 払 賃 金	（ ）
備 品	1,600,000	未払外注加工賃	（ ）
土 地	3,890,000	未 払 電 力 料	（ ）
前 払 保 険 料	（ ）	売 上	21,261,000
売 上 原 価	（ ）	受 取 利 息	65,000
営 業 費	3,034,000		
支 払 利 息	140,000		
（ ）		（ ）	

2．会計期間の各費目消費高(カッコ内の金額は、各自推定しなさい。)
　　なお、棚卸減耗費、貸倒引当金繰入、賃金、外注加工賃、電力料、保険料、減価償却費の消費高の金額は、次の付記事項により処理されている。

（単位：円）

費　　　目	消　費　高	内　　　訳	
		製　　　造	営　業　費
材　料　費	8,459,000	（　　　　　）	——
賃　　　金	（　　　　　）	（　　　　　）	——
給　　　料	1,567,000	（　　　　　）	1,266,000
外 注 加 工 賃	（　　　　　）	（　　　　　）	——
修　繕　費	67,000	（　　　　　）	——
電　力　料	（　　　　　）	538,000	（　　　　　）
租 税 公 課	171,000	（　　　　　）	61,000
保　険　料	（　　　　　）	369,000	（　　　　　）
広 告 宣 伝 費	548,000	——	（　　　　　）
発　送　費	92,000	——	（　　　　　）
減 価 償 却 費	（　　　　　）	（　　　　　）	（　　　　　）
貸 倒 引 当 金 繰 入	（　　　　　）	——	（　　　　　）
棚 卸 減 耗 費	（　　　　　）	（　　　　　）	（　　　　　）
雑　　　費	188,000	64,000	（　　　　　）
合　　　計	（　　　　　）	（　　　　　）	（　　　　　）

(付記事項)

(1)決算整理後残高試算表中の製品勘定と材料勘定の金額は、実地棚卸高で示されている。それぞれの帳簿棚卸高は、製品が¥2,649,000、材料が¥1,425,000である。製品および材料のいずれについても、その差額は保管によって生じた数量の減少で、正常な発生額であった。なお、材料の減耗は、製造原価とする。

(2)受取手形および売掛金の期末残高に対し、実績法（貸倒実績率2％）により貸倒引当金を設定する。ただし、貸倒引当金の期首残高は、¥41,000であった。

(3)賃金の期首未払高は¥264,000で、当期支払高は¥3,343,000であり、当期末未払高¥292,000があった。

(4)外注加工賃の当期支払高は¥113,000であり、当期末未払高¥18,000があった。

(5)電力料の期首未払高は¥37,000で、当期支払高は¥755,000であり、当期末未払高¥41,000があった。

(6)保険料の期首前払高は¥98,000で、当期支払高は¥751,000であり、当期末前払高¥106,000があった。

(7)減価償却費の内訳は、建物¥400,000（製造65％、営業費35％）、機械¥518,000（製造100％）、備品¥190,000（製造60％、営業費40％）であった。

3．期首棚卸高：製　　　品　¥2,490,000　　材　　　料　¥1,394,000

　　　　　　　　仕　掛　品　¥　841,000

製造原価報告書

自×1年2月1日　至×2年1月31日　（単位：円）

全経工業株式会社

I　材　料　費
　1．期首材料棚卸高　　　（　　　　　　　）
　2．（　　　　　　　　）　（　　　　　　　）
　　　　　合　　計　　　（　　　　　　　）
　3．（　　　　　　　　）　（　　　　　　　）
　　　当 期 材 料 費　　　　　　　　　　　（　　　　　　　）
II　労　務　費
　1．（　　　　　　　　）　（　　　　　　　）
　2．給　　　　料　　　（　　　　　　　）
　　　当 期 労 務 費　　　　　　　　　　　（　　　　　　　）
III　経　　　費
　1．（　　　　　　　　）　（　　　　　　　）
　2．電　力　料　　　　（　　　　　　　）
　3．減 価 償 却 費　　　（　　　　　　　）
　4．修　繕　費　　　　（　　　　　　　）
　5．租 税 公 課　　　　（　　　　　　　）
　6．保　険　料　　　　（　　　　　　　）
　7．棚 卸 減 耗 費　　　（　　　　　　　）
　8．雑　　　　費　　　（　　　　　　　）
　　　当 期 経 費　　　　　　　　　　　　（　　　　　　　）
　　　当期総製造費用　　　　　　　　　　（　　　　　　　）
　（　　　　　　　　）　　　　　　　　　（　　　　　　　）
　　　　合　　計　　　　　　　　　　　　（　　　　　　　）
　　　期末仕掛品棚卸高　　　　　　　　　（　　　　　　　）
　（　　　　　　　　）　　　　　　　　　（　　　　　　　）

損 益 計 算 書

自×1年2月1日　至×2年1月31日　　（単位：円）

Ⅰ　売　　上　　高		（　　　　　　）	
Ⅱ　売　上　原　価			
1．（　　　　　　）	（　　　　　　）		
2．当期製品製造原価	（　　　　　　）		
合　　計	（　　　　　　）		
3．期末製品棚卸高	（　　　　　　）	（　　　　　　）	
売上総利益		（　　　　　　）	
Ⅲ　販売費および一般管理費			
1．給　　　　　料	（　　　　　　）		
2．広　告　宣　伝　費	（　　　　　　）		
3．発　　送　　費	（　　　　　　）		
4．電　　力　　料	（　　　　　　）		
5．（　　　　　　）	（　　　　　　）		
6．租　税　公　課	（　　　　　　）		
7．保　　険　　料	（　　　　　　）		
8．貸倒引当金繰入	（　　　　　　）		
9．棚　卸　減　耗　費	（　　　　　　）		
10．雑　　　　　費	（　　　　　　）	（　　　　　　）	
営　業　利　益		（　　　　　　）	
Ⅳ　営　業　外　収　益			
1．受　取　利　息		（　　　　　　）	
Ⅴ　営　業　外　費　用			
1．（　　　　　　）		（　　　　　　）	
税引前当期純利益		（　　　　　　）	
法　人　税　等		1,629,000	
当　期　純　利　益		（　　　　　　）	

貸 借 対 照 表

全経工業株式会社　　　　×2年1月31日　　　　（単位：円）

現　金　預　金	（　　　）	支　払　手　形	（　　　）
受　取　手　形	（　　　）	買　　掛　　金	（　　　）
売　　掛　　金	（　　　）	借　　入　　金	（　　　）
製　　　　　品	（　　　）	未　払　費　用	（　　　）
（　　　　　）	（　　　）	未払法人税等	（　　　）
仕　　掛　　品	（　　　）	（　　　　　）	（　　　）
貸　　付　　金	（　　　）	建物減価償却累計額	（　　　）
前　払　費　用	（　　　）	機械減価償却累計額	（　　　）
建　　　　　物	（　　　）	備品減価償却累計額	（　　　）
機　　　　　械	（　　　）	資　　本　　金	（　　　）
備　　　　　品	（　　　）	繰越利益剰余金	（　　　）
土　　　　　地	（　　　）		
（　　　　　）	（　　　）		（　　　）

Chapter 7
とおるポイント

標準原価計算のポイント

●標準原価計算の仕組み・計算方法

　製品の単位あたり標準原価の内容を示したものを標準原価カードといいます。また、製品の単位あたり標準原価を「原価標準」といいます。

標準原価カード(甲製品)		
直接材料費	@ 500 円 × 3 kg	= 1,500 円
直接労務費	@1,000 円 × 2 時間	= 2,000 円
製造間接費	@ 800 円 × 2 時間	= 1,600 円
製品甲1個あたり標準製造原価		5,100 円

　(注) 固定製造間接費予算額は150,000円であり、基準操業度は300時間である。

(資　料)

生産データ

期首仕掛品	20個(0.5)
当期投入	130個
合　計	150個
期末仕掛品	50個(0.6)
完成品	100個

原価データ(実際)

直接材料費	204,000円(@510円×400kg)
直接労務費	246,000円(@984円×250時間)
製造間接費	180,000円

(生産データ集計)

直接材料費

期首	20個	完成	100個
当期	130個		
		期末	50個

直接労務費・製造間接費

期首	(10個)	完成	(100個)
当期	(120個)		
		期末	(30個)

仕　掛　品

期首仕掛品 (標準) 66,000円	完　成　品 (標準) 510,000円
実際発生額 直接材料費 204,000円 直接労務費 246,000円 製造間接費 180,000円 630,000円	期末仕掛品 (標準) 183,000円
	差　異　3,000円 (不利差異)

製品(仕掛品)原価は、原価標準×生産量(数量)で計算します。原価標準＝完成品単価と考えてください。

期首仕掛品：@1,500円×20個＋（@2,000円＋@1,600円）×20個×0.5＝66,000円

完　成　品：@5,100円×100個＝510,000円

期末仕掛品：@1,500円×50個＋（@2,000円＋@1,600円）×50個×0.6＝183,000円

●実際原価の集計と標準原価差異の把握

	標準原価		実際原価		標準原価差異	
直接材料費	195,000円	－	204,000円	＝	（△）	9,000円
直接労務費	240,000円	－	246,000円	＝	（△）	6,000円
製造間接費	192,000円	－	180,000円	＝	（＋）	12,000円
	627,000円	－	630,000円	＝	（△）	3,000円

直接材料費標準原価：@500円×3kg×130個＝195,000円

直接労務費標準原価：@1,000円×2時間×120個＝240,000円

製造間接費標準原価：@800円×2時間×120個＝192,000円

直接材料費・直接労務費の差異分析

●差異分析

製造直接費はボックス図により差異分析を行います。原価差異は、その発生原因を分析してはじめて、原価管理に役立てることができます。

●直接材料費の差異分析

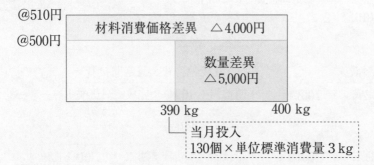

材料消費価格差異　（@500円　－@510円）×400kg＝△4,000円（不利差異）
　　　　　　　　　　　標準価格　　実際価格　　実際消費量

数量差異　@500円×（390kg － 400kg）＝△5,000円（不利差異）
　　　　　標準価格　標準消費量 実際消費量

差異分析はホントによく問われます。必ずマスターしておきましょう。

●直接労務費の差異分析

@ 984円
@ 1,000円

| 賃率差異　（＋）4,000円 |
| 作業時間差異
△10,000円 |

240 時間　　　　250 時間

当月投入
120個×単位標準時間 2 時間

賃率差異　（@1,000円 − @984円）× 250 時間 =（＋）4,000円（有利差異）
　　　　　標準賃率　　　実際賃率　　　実際作業時間

作業時間差異　@1,000円 ×（240 時間 − 250 時間）=△10,000円（不利差異）
　　　　　　　標準賃率　　　標準作業時間 実際作業時間

標準材料消費量、標準直接作業時間の計算がポイントです。必ずできるようにしておきましょう。

Section 3　製造間接費の差異分析

●変動予算（公式法変動予算）

【公式法変動予算】

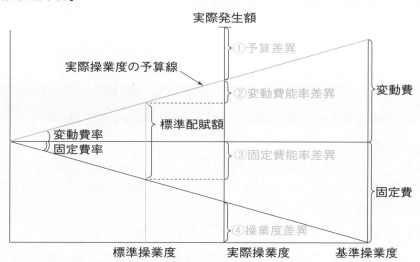

予算差異＝実際操業度の予算額 − 実際発生額
　　　　　変動費率×実際操業度＋固定費予算額

変動費能率差異＝変動費率×（標準操業度 − 実際操業度）
固定費能率差異＝固定費率×（標準操業度 − 実際操業度）
操業度差異＝固定費率×（実際操業度 − 基準操業度）

公式法変動予算を前提とした差異の分類

①予算差異	①予算差異	①予算差異
②変動費能率差異	能率差異	②能率差異
③固定費能率差異	②＋③	操業度差異
④操業度差異	④操業度差異	③＋④

●固定予算

【固定予算】

変動製造間接費と固定製造間接費に区別せず、操業度に関係なく、一定額を予算額とする方法

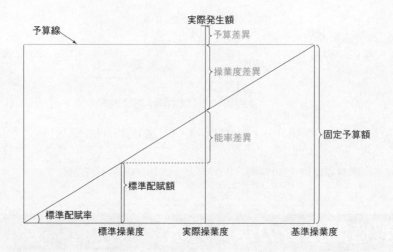

予算差異＝固定予算額−実際発生額

能率差異＝標準配賦率×（標準操業度−実際操業度）

操業度差異＝標準配賦率×（実際操業度−基準操業度）

標準原価計算の記帳

●パーシャル・プラン

パーシャル・プランは、仕掛品勘定の借方の当月投入は実際原価で記入し、貸方は標準原価で記入します。そのため、仕掛品勘定に貸借差額が生じ、それが標準原価差異を示します。

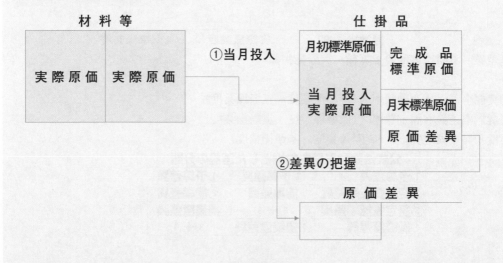

標準原価計算のポイント

問題 1 標準原価カード

基本	★☆☆☆☆	check!	日付	/	/	/
➡ 解答・解説 P.84			✓			

▼次の製品単位あたりの資料にもとづいて、標準原価カードを作成しなさい。

（資　料）

材料実際価格	@55円	材料標準価格	@50円
材料標準消費量	10kg	材料実際消費量	8kg
標準賃率	@80円	実際賃率	@100円
標準作業時間	5時間	実際作業時間	6時間
		標準配賦率	@100円

なお、製造間接費の配賦基準には直接作業時間を使用すること。

標準原価カード

直接材料費　（@　　　　　円）×（　　　　　kg）＝（　　　　　円）

直接労務費　（@　　　　　円）×（　　　　　時間）＝（　　　　　円）

製造間接費　（@　　　　　円）×（　　　　　時間）＝（　　　　　円）

　単位あたり標準製造原価……………………………………………（　　　　　円）

問題2　標準原価の算定

応用　★★★☆☆　check!

➡解答・解説 P.84

日付	/	/	/
✓			

▼当社では標準原価計算制度を採用している。次の資料にもとづいて、(A)、(B)の場合における完成品原価、月初仕掛品原価および月末仕掛品原価を求めなさい。

(A)材料を始点で投入している場合。

(B)材料を加工に応じて投入している場合。

(資　料)

①原価標準

直接材料費	@200円×3kg ＝	600円
直接労務費	@120円×4時間＝	480円
製造間接費	@180円×4時間＝	720円
		1,800円

②生産データ

月初仕掛品	60個(2/3)
当月投入	500
合　計	560個
月末仕掛品	160　(1/2)
完成品	400個

(注)(　)内の数値は仕上り程度を示す。

(A)

完成品原価　＿＿＿＿＿＿円

月初仕掛品原価　＿＿＿＿＿＿円

月末仕掛品原価　＿＿＿＿＿＿円

(B)

完成品原価　＿＿＿＿＿＿円

月初仕掛品原価　＿＿＿＿＿＿円

月末仕掛品原価　＿＿＿＿＿＿円

Section 2

直接材料費・直接労務費の差異分析

問題 3 **差異分析①**

基本 ★★★★☆ check!

→解答・解説 P.86

日付	/	/	/
✓			

▼次の資料にもとづいて、直接材料費および直接労務費の差異分析を行いなさい。また、各差異は有利差異か不利差異かを示しなさい。

（資　料）

TIU製作所の第1製造部では部品Rを製造しているが、先日報告された3月の原価実績は次のとおりであった。3月の実際生産量は700個であったので、部品R1個あたり実際原価は約 7,143円となる。

　　直接材料費　1,564,000円（＝230円／kg×6,800kg）

　　直接労務費　1,275,000円（＝340円／時間×3,750時間）

　　製造間接費　2,161,000円

　　合　計　　　5,000,000円

また、部品Rの標準原価カードは次のとおりであり、部品R1個あたり標準製造原価は6,000円である。

	（標準単価）		（標準消費量）	
直接材料費	200円／kg	×	10kg	＝2,000円
	（標準賃率）		（標準直接作業時間）	
直接労務費	300円／時間	×	5時間	＝1,500円
	（標準配賦率）		（標準直接作業時間）	
製造間接費	500円／時間	×	5時間	＝2,500円
部品R1個あたりの標準製造原価				6,000円

直接材料費差異	材料消費価格差異	_____ 円（　　　差異）
	数 量 差 異	_____ 円（　　　差異）
	総　差　異	_____ 円（　　　差異）
直接労務費差異	賃 率 差 異	_____ 円（　　　差異）
	作業時間差異	_____ 円（　　　差異）
	総　差　異	_____ 円（　　　差異）

基本 ★★★☆☆ check!

➡ 解答・解説 P.87

日付	/	/	/
✓			

▼標準原価計算制度を採用している豊島製作所の下記の資料にもとづいて、仕掛 - 直接材料費勘定の記入を行いなさい。

1. 製品1個あたりの標準直接材料費

    1.5kg×@¥260＝¥390

なお、材料は始点ですべて投入される。

2. 当月の実際直接材料費および実際直接材料消費量

    実 際 直 接 材 料 費   ¥2,670,300

    実際直接材料消費量   10,350kg

3. 生産データ

月初仕掛品	800個	仕上り程度	40％
月末仕掛品	600個	仕上り程度	60％
完 成 品	7,000個		

仕掛 - 直接材料費

前 月 繰 越	( )	製 品	( )
材 料	2,670,300	数 量 差 異	( )
消 費 価 格 差 異	( )	**次 月 繰 越**	( )
	( )		( )
前 月 繰 越	( )		

問題 5 差異分析③

基本 ★★★☆☆ check! 日付 / / /

➡ 解答・解説 P.88

▼標準原価計算制度を採用している大塚工業株式会社の下記の資料にもとづいて、仕掛 - 直接労務費勘定の記入を行いなさい。

1. 製品1個あたりの標準直接労務費

0.6直接作業時間×@¥750 = ¥450

2. 当月の実際直接労務費および実際直接作業時間

| 実際直接労務費 | ¥1,457,150 |
| 実際直接作業時間 | 1,930時間 |

3. 生産データ

月初仕掛品	380個	仕上り程度	50%
月末仕掛品	400個	仕上り程度	45%
完 成 品	3,200個		

仕掛 - 直接労務費

前 月 繰 越	( )	製 品	( )
賃 金 給 料	1,457,150	( )	( )
		作 業 時 間 差 異	( )
		次 月 繰 越	( )
	( )		( )
前 月 繰 越	( )		

Section 3 製造間接費の差異分析

問題 6 製造間接費の差異分析①

基本 ★☆☆☆☆ check! 日付 / / /

➡ 解答・解説 P.89

▼次の取引の仕訳を示しなさい。

標準原価計算制度を採用している巣鴨製作所では、仕掛品勘定の借方に製造間接費の実際発生額を記帳している。そのため、下記の数値にもとづいて予算差異を計上した。

実際作業時間における予算額……1,685,000円　　　実際発生額……1,701,000円

(単位：円)

借 方 科 目	金 額	貸 方 科 目	金 額

▼当社は、製品Sの量産を行っており、標準総合原価計算を適用している。同工場の当月の原価計算資料から製造間接費についての差異分析を行いなさい。なお、能率差異は変動費、固定費両方から把握するものとする。また、各差異には有利差異か不利差異かを示しなさい。

(資　料)

①製品原価標準(製品S 1個あたりの標準原価)

　　製造間接費　　@100円×1時間＝100円

②当月の生産

　　月初仕掛品量　　　　500個(0.3)、当月製造着手量　　5,000個

　　月末仕掛品量　　1,000個(0.5)、当月完成品量　　　4,500個

　　(　)は仕上り程度を表す。材料は工程始点で投入。

　　当社は公式法変動予算を設定しており、それは@30円×直接作業時間＋420,000円(月間)と設定されている。なお、基準操業度は、6,000直接作業時間(月間)である。

③原価実際発生額

　　600,000円(実際直接作業時間　5,300時間)

予 算 差 異＿＿＿＿＿＿＿＿円(　　差異)　能 率 差 異＿＿＿＿＿＿＿＿円(　　差異)

操業度差異＿＿＿＿＿＿＿＿円(　　差異)

標準原価計算の記帳

パーシャル・プラン

基本 ★★★★☆ check!

→解答・解説 P.91

日付	/	/	/
✓			

▼当社は標準原価計算制度を採用している。次の資料にもとづいて仕掛品勘定の記入を行いなさい。なお、仕掛品勘定への記入方法はパーシャル・プラン（借方には実際発生額を記入し、貸方には標準原価を記入する方法）によること。

（資 料）

①原価標準

直接材料費 @500円×5kg ＝ 2,500円

直接労務費 @700円×3時間＝ 2,100円

製造間接費 @600円×3時間＝ 1,800円

6,400円

（注）製造間接費の配賦基準は直接作業時間とする。

②製造間接費データ

予 算 額 480,000円（うち固定費 280,000円）

基準操業度 800時間

③生産データ

月初仕掛品 20個（0.8）

当 月 投 入 270

合 計 290個

月末仕掛品 40 （0.2）

完 成 品 250個

（注）材料は始点で投入される。また（ ）内の数値は仕上り程度を示す。

④実際データ

直接材料費 月 初 有 高 200kg（@490円）

当月買入高 1,300kg（@490円）

月 末 有 高 110kg

払 出 高 1,390kg

直接労務費 @705円×715時間＝504,075円

製造間接費 460,500円

仕 掛 品 （単位：円）

月 初 仕 掛 品	（ ）	製　　　　品	（ ）
材　　　　料	（ ）	直接材料費差異	（ ）
賃　　　　金	（ ）	製造間接費差異	（ ）
製 造 間 接 費	（ ）	月 末 仕 掛 品	（ ）
（　　　）差異	（ ）		
	（ ）		（ ）

Chapter 8
とおるポイント

CVP 分析

●売上高と利益の関係　CVP とは、原価、営業量（販売量）、利益のことを意味し、三者の関係を分析するのが CVP 分析です。

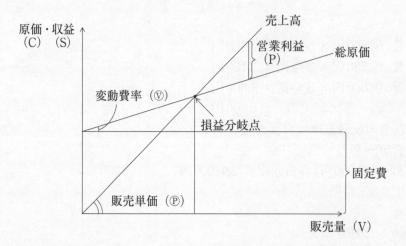

```
CVP 分析の基本公式：売上高 －（変動費率 × 売上高 ＋ 固定費）＝ 利益
                                    変動費
```

損益分岐点…売上高と総原価が等しく利益がゼロとなる点

$$収　益 ＝ 総原価（変動費＋固定費）$$
　売上高

●安全率　現在の売上高が損益分岐点売上高をどれだけ上回っているかを示す数値

$$安全率 ＝ \frac{現在の売上高 － 損益分岐点売上高}{現在の売上高} \times 100$$

損益分岐点の計算ができさえすれば、あとは同じ考え方です。CVP 分析の基本公式をしっかりと頭に入れておきましょう。

●損益分岐点比率　売上高に対して損益分岐点売上高が占める割合を表すもの。

$$損益分岐点比率 ＝ \frac{損益分岐点売上高}{売上高} \times 100$$

Section 2 直接原価計算

●**直接原価計算とは** 製品原価を変動費のみから計算し、固定費を期間原価とすることで、損益計算書上においてCVP関係をよりよく示すことができます。

●**直接原価計算と全部原価計算**

全部原価計算の製品原価（売上原価）

	製　造　原　価	販売費・一般管理費
変動費	変　動　製　造　原　価	変動販売費・一般管理費
固定費	固　定　製　造　原　価	固定販売費・一般管理費

直接原価計算の製品原価（変動売上原価）

損益計算書（直接原価計算）（単位：円）

Ⅰ　売　上　高		10,000
Ⅱ　変動売上原価		4,500
変動製造マージン		5,500
Ⅲ　変　動　販　売　費		500
貢　献　利　益		5,000
Ⅳ　固　　定　　費		
1．固定製造原価	3,000	
2．固定販管費	500	3,500
営　業　利　益		1,500

損益計算書（全部原価計算）（単位：円）

Ⅰ　売　上　高	10,000
Ⅱ　売　上　原　価	7,000
売　上　総　利　益	3,000
Ⅲ　販売費及び一般管理費	1,000
営　業　利　益	2,000

Section

1 CVP 分析

問題 1
CVP分析①

基本　★★☆☆☆　check!

➡解答・解説 P.93

日付	/	/	/
✓			

▼次の資料をもとに設問に答えなさい。

損益分岐点における販売数量、売上高および安全率を求めなさい。

(資　料)

当期の業績

売上高		@5,000円×1,000個
原　価		
変動費	製造原価	@1,800円×1,000個
	販売費	@　700円×1,000個
固定費	製造原価	1,600,000円
	販売費・一般管理費	400,000円

損益分岐点における販売数量 ＿＿＿＿＿＿＿＿＿ 個

損益分岐点における売上高 ＿＿＿＿＿＿＿＿＿ 円

安全率 ＿＿＿＿＿＿＿＿＿ ％

問題 2　CVP分析②

応用　★★★★☆　check!

➡解答・解説 P.94

日付	/	/	/
✓			

▼当社は、N製品を生産・販売しており、現在、次期の利益計画を策定中である。当期の業績は次のとおりであった。次期においても、販売価格、製品単位あたり変動費額および期間あたり固定費額は当期と同一であるとして、次の問に答えなさい。なお、仕掛品および製品の在庫はないものとする。

売上高		@2,500円×15,000個		37,500,000円
原価　変動費	変動売上原価	@1,250円×15,000個	18,750,000円	
	変動販売費	@　125円×15,000個	1,875,000	
固定費	固定製造原価		8,000,000	
	固定販売費・一般管理費		3,250,000	31,875,000
営業利益				5,625,000円

問1　次期における損益分岐点の販売数量を計算しなさい。

問2　次期における損益分岐点の売上高を計算しなさい。

問3　次期の目標営業利益9,000,000円を達成する販売数量を計算しなさい。

問4　次期においては、競争業者の出現に対応するため、販売価格を20％値下げすることになったとして、当期と同額の営業利益を達成する販売数量を計算しなさい。

問5　販売部門責任者の意見によれば、上記の問4で計算した販売数量は達成が困難であり、販売価格を20％値下げしても販売数量は26,000個が限界である。そこで、この販売価格と販売数量を前提とし、当期と同額の営業利益を達成するために、固定費を削減することとした。削減すべき固定費の金額を計算しなさい。

問1		個
問2		円
問3		個
問4		個
問5		円

Section 2 直接原価計算

問題 3 損益計算書の作成①

基本 ★★★☆☆ check!

➡ 解答・解説 P.96

日付 / / /
✓

▼製品Xを量産するY社の次の資料にもとづき、直接原価計算方式による損益計算書を完成させなさい。

(資 料)

(1)全部原価計算方式による損益計算書

損益計算書　　　（単位：千円）

Ⅰ 売　　　上　　　高		5,000
Ⅱ 売　上　原　価		2,500
売　上　総　利　益		2,500
Ⅲ 販売費及び一般管理費		600
営　業　利　益		1,900

(2)その他

①当期製品生産量・販売量はともに100台。期首・期末の仕掛品・製品はともに存在しなかった。

②製品1台あたりの実際製造原価　変動費 10,000円　固定費 15,000円

③製品1台あたりの売価 50,000円

④実際販売費　変動費 100,000円　固定費 200,000円

⑤一般管理費はすべて固定費で 300,000円である。

損 益 計 算 書　　　　　　　　　　（単位：千円）

Ⅰ 売　　　上　　　高			(　　　　　)
Ⅱ 変 動 売 上 原 価			(　　　　　)
変動製造マージン			(　　　　　)
Ⅲ 変　動　販　売　費			(　　　　　)
貢　献　利　益			(　　　　　)
Ⅳ 固　　　定　　　費			
固 定 製 造 原 価	(　　　　　)		
固 定 販 売 費	(　　　　　)		
固 定 一 般 管 理 費	(　　　　　)	(　　　　　)	
営　業　利　益		(　　　　　)	

100

損益計算書の作成②

▼次の資料にもとづいて、直接原価計算方式による損益計算書を作成しなさい。また、仮に、販売数量が1,400個に減少した場合、現在の営業利益を確保するためには、固定費総額をいくらにしなければならないのかを計算しなさい。なお、変動費には変化がないものとする。

1．製品1個あたりの売価は＠￥1,600である。

2．当月の販売数量は1,500個であり、月初と月末の仕掛品棚卸高および月初の製品棚卸高はなかった。

3．当月の製造原価(生産量：1,800個)データは、次のとおりである。

直接材料費	￥ 540,000
変動加工費	738,000
固定加工費	414,000
合 計	￥1,692,000

4．変動販売費は製品1個あたり＠￥154であり、固定販売費は￥126,000である。

5．当月の一般管理費は￥204,000であり、すべて固定費である。

直接原価計算方式による損益計算書

I 売　　　上　　　高	（　　　　　　）
II 変　動　売　上　原　価	（　　　　　　）
製　造　マ　ー　ジ　ン	（　　　　　　）
III 変　動　販　売　費	（　　　　　　）
限　界　利　益	（　　　　　　）
IV 固　　　定　　　費	（　　　　　　）
営　業　利　益	（　　　　　　）

現在の営業利益を確保するための固定費総額	￥

Chapter 9
とおるポイント

本社工場会計

本社には「工場」勘定が設定され、工場には「本社」勘定が設定されています。

本社・工場間の取引

取引	本社	工場
(1)本社から工場への送金	(借)工　場　50,000 　　(貸)現　　金　50,000	(借)現　　金　50,000 　　(貸)本　　社　50,000
(2)工場における材料の購入	(借)工　　場　12,000 　　(貸)買　掛　金　12,000	(借)材　　料　12,000 　　(貸)本　　社　12,000
(3)工場における材料の消費 　（直接費 7,000　間接費 5,000）	————————	(借)仕　掛　品　7,000 　　製造間接費　5,000 　　(貸)材　　料　12,000
(4)工場における賃金の消費 　（直接費 8,000　間接費 4,500）	————————	(借)仕　掛　品　8,000 　　製造間接費　4,500 　　(貸)賃　　金　12,500
(5)本社が工場の経費を支払った	(借)工　　場　9,000 　　(貸)現　　金　9,000	(借)電　力　料　3,000 　　保　険　料　6,000 　　(貸)本　　社　9,000
(6)工場における経費の消費 　（すべて間接費）	————————	(借)製造間接費　9,000 　　(貸)電　力　料　3,000 　　　　保　険　料　6,000
(7)製造間接費の配賦	————————	(借)仕　掛　品　18,500 　　(貸)製造間接費　18,500
(8)製品の完成	————————	(借)製　　品　33,500 　　(貸)仕　掛　品　33,500
(9)製品の売上	(借)売上原価　33,500 　　(貸)工　　場　33,500 (借)現　　金　45,000 　　(貸)売　　上　45,000	(借)本　　社　33,500 　　(貸)製　　品　33,500

本社工場会計は仕訳問題として出題されます。ですから、上記の仕訳をきちんと確認しておきましょう。

本社工場会計

本社工場間取引①

基本	★★★☆☆	check!
➡ 解答・解説 P.98		

日付	/	/	/
✓			

▼次の取引につき、独立会計制度を採用している場合の本社と工場のそれぞれの仕訳を示しなさい。ただし、勘定科目は下記の中から選択すること。また、仕訳不要の場合には借方科目欄に「仕訳なし」と記入すること。

> 電力料　租税公課　減価償却費　減価償却累計額　当座預金
> 製造間接費　仕掛品　売上原価　製造間接費配賦差異　本社
> 工場　現金

(1)本社は、当月の電力料200,000円を小切手を振り出して支払った。そのうち、3／4は工場のものである。

(2)建物、機械などの減価償却費180,000円を計上した。そのうち、4／5は工場のものである(間接法による)。

(3)本社は、工場の建物・機械に対する固定資産税40,000円を現金で支払った。

(4)製造間接費予定配賦額260,000円を各指図書に配賦した。

(5)月末に、製造間接費配賦差異勘定の借方残高43,000円を本社に報告し、本社はこれを売上原価勘定に振り替えた。

本社の仕訳
(単位：円)

	借　方　科　目	金　　額	貸　方　科　目	金　　額
(1)				
(2)				
(3)				
(4)				
(5)				

工場の仕訳
(単位：円)

	借　方　科　目	金　　額	貸　方　科　目	金　　額
(1)				
(2)				
(3)				
(4)				
(5)				

▼工場が独立会計制度を採っているとき、次の勘定科目を用いて下記の取引を本社と工場とで仕訳しなさい。なお、仕訳不要の場合には借方科目欄に「仕訳なし」と記入すること。

本社：	現 金	当座預金	預 り 金	工 場
工場：	賃 金	仕 掛 品	製造間接費	本 社

(1)本社は、製造経費（間接費）130,000円を小切手を振り出して支払った。

(2)本社は、当月賃金支払額250,000円のうち、所得税等50,000円を控除した残額を小切手で工場に送付し、工場はこれを従業員に支払った。

(3)当月賃金消費額は直接労務費200,000円、間接労務費60,000円であった。

(4)製造間接費配賦額180,000円を各指図書に配賦した。

(5)本社は、所得税の預り分を現金で納付した。

本社の仕訳 (単位：円)

	借 方 科 目	金 額	貸 方 科 目	金 額
(1)				
(2)				
(3)				
(4)				
(5)				

工場の仕訳 (単位：円)

	借 方 科 目	金 額	貸 方 科 目	金 額
(1)				
(2)				
(3)				
(4)				
(5)				

Chapter 10

とおるポイント

Chapter 10

Section 1 個別原価計算の方法

●個別原価計算の生産形態

種類が異なる製品を個別的に生産する生産形態において適用される方法です。製造原価は、製品ごとに製造指図書に集計されます。

●原価の分類

①製造直接費（製品に跡付けできる原価）の各指図書への賦課
②製造間接費（製品に跡付けできない原価）の各指図書への配賦

●計算方法

（資料1）

	＃101	＃102	＃103
直接材料費	15,000円	9,000円	18,000円
直接労務費	12,000円	19,000円	42,000円
製造間接費		＃101～＃103 合計 60,000円	
配賦割合	50%	30%	20%

＊＃101、＃102は作業を完了しているが、＃103は作業途中である。

上記の資料から、指図書別原価計算表と仕掛品勘定の記入を行うと、次のようになります。

●指図書別原価計算表　A→a　B→b　C→c　それぞれ対応しています。

指図書別原価計算表 （単位：円）

摘　要	＃101	＃102	＃103	合　計	
直接材料費	15,000	9,000	18,000	42,000	
直接労務費	12,000	19,000	42,000	73,000	A
製造間接費	30,000	18,000	12,000	60,000	
合　計	57,000	46,000	72,000	175,000	
備　考	完　成	完　成	仕掛中		
		B	C		

●仕掛品勘定への記入

仕　掛　品

a	直接材料費	42,000	製　　品	103,000	b
	直接労務費	73,000	次 月 繰 越	72,000	c
	製造間接費	60,000			
		175,000		175,000	

●売上原価等の算定

個別原価計算において、各指図書に集計された原価の合計額は、売上原価・期末製品・期末仕掛品のいずれかに対応します。

$$
\left\{
\begin{array}{l}
\text{完　成}\left\{
\begin{array}{ll}
\text{引　渡　済} & - \text{売上原価}\\
\text{引渡未済} & - \text{期末製品}
\end{array}
\right.\\
\text{未完成} \qquad\qquad - \text{期末仕掛品}
\end{array}
\right.
$$

（資料2）

指図書No.	原価	完成状況
＃201	98,000円	完成・引渡済
＃202	56,000円	完成・引渡未済
＃203	43,000円	完成・引渡未済
＃204	77,000円	仕掛中

（資料2）についての売上原価、期末製品、期末仕掛品の金額は、次のようになります。

$$
\left\{
\begin{array}{l}
\text{売上原価　98,000円（＃201）}\\
\text{期末製品　99,000円（＃202、＃203）}\\
\text{期末仕掛品　77,000円（＃204）}
\end{array}
\right.
$$

Section 2 仕損・作業くずの会計処理

●仕損の意義

仕損とは、生産物の加工に失敗し、不合格品（仕損品）が発生することをいいます。この不合格品の発生に伴う原価を仕損費といいます。

●計算方法

（資料3）

指図書別原価計算表 （単位：円）

摘　要	＃101	＃201	＃101-1	＃201-1	合　計
⋮	⋮	⋮	⋮	⋮	⋮
合　計	5,000	1,500	1,200	3,600	11,300
仕損品評価額	0	△ 600	0	0	△ 600
仕　損　費	1,200	△ 900	△ 1,200	900	0
差引・計	6,200	0	0	4,500	10,700
備　考	完　成	＃201-1へ	＃101へ	仕掛中	

＃101、＃201の作業中にそれぞれ仕損が発生した。これに伴い＃101は補修が可能であるため、補修指図書＃101-1を発行したが、＃201（仕損品評価額600円）はすべてが補修不可能であるため代品の製造指図書＃201-1を発行した。

●仕損費の計算

	仕損費
仕損の発生 ⎰ 補 修 可 能 … 補修指図書に集計された原価	
⎱ 補 修 不 能 … 旧指図書に集計された原価 − 評価額	

①補修可能な仕損

　　仕損費 ＝ 補修費（＃101に対して＃101-1）

②補修不能な仕損

　　仕損費 ＝ 旧指図書に集計された原価 − 評価額（＃201-1に対して＃201）

●作業くずの意義

　　作業くずとは、製造工程で生じた材料の残りくずのうち、処分価値のあるものです。

●作業くずの処理

作業くずの処理 ━━┬━(1)発生した製造部門費から控除する方法（原則的な処理）

　　　　　　　　　　（借）作 業 く ず　20,000　　（貸）　第 1 製造部門費　20,000

　　　　　　　　├─(2)製造指図書の原価から控除する方法

　　　　　　　　　　（借）作 業 く ず　10,000　　（貸）　仕　　掛　　品　10,000

　　　　　　　　└─(3)雑収入として処理する方法

　　　　　　　　　　（借）現　　　　　金　15,000　　（貸）　雑　　収　　入　15,000

Section 1 個別原価計算の方法

問題 1 指図書別原価の計算

基本 ★☆☆☆☆ check!

➡解答・解説 P.100

日付	/	/	/
✓			

▼次の資料によって、⑴直接作業時間を基準にした場合と、⑵機械運転時間を基準にした場合による製造指図書ごとの製造間接費配賦額と製造原価を求めなさい。

(資　料)

①製造間接費総額　3,360,000円　直接作業総時間数　8,000時間

　機械運転総時間数　6,000時間

②製造指図書別のデータ

	直接材料費	直接労務費	直接作業時間	機械運転時間
製造指図書＃1	80,000円	100,000円	125時間	80時間
製造指図書＃2	60,000円	180,000円	225時間	250時間
製造指図書＃3	100,000円	200,000円	250時間	120時間
合　計	240,000円	480,000円	600時間	450時間

⑴直接作業時間基準　　　　　　　　　　　(単位：円)

	製造間接費配賦額	製造原価
＃1		
＃2		
＃3		

⑵機械運転時間基準　　　　　　　　　　　(単位：円)

	製造間接費配賦額	製造原価
＃1		
＃2		
＃3		

問題 2 指図書別原価計算表の 作成①

基本 ★☆☆☆☆ check!

→ 解答・解説 P.101

日付	/	/	/
✓			

▼当社では、実際個別原価計算制度を採用している。次の資料にもとづいて指図書別原価計算表および仕掛品勘定の記入を行いなさい。

（資　料）

①当月の材料実際消費高は、次のとおりである。

直接材料費　　1,800,000円（指図書＃10　500,000円、＃11　700,000円、＃12　600,000円）

間接材料費　　423,000円

②当月の労務費実際消費高は、次のとおりである。

直接労務費　　2,680,000円（指図書＃10　915,000円、＃11　830,000円、＃12　935,000円）

間接労務費　　706,000円

③当月の経費実際消費高は、次のとおりである。

間接経費　　311,000円

④製造間接費を、次のとおり各製品に配賦する。

製造間接費配賦額

1,440,000円（指図書＃10　400,000円、＃11　540,000円、＃12　500,000円）

⑤指図書はすべて当月中に発行したものであり、うち指図書＃12のみ未完成である。

指図書別原価計算表　　　　　　　　　　　（単位：円）

摘　要	＃10	＃11	＃12	合　計
直接材料費				
直接労務費				
製造間接費				
合　計				
備　考				

仕　掛　品　　　　　　　（単位：円）

材　　　料	（　　　　　）	製　　　品	（　　　　　）
賃　　　金	（　　　　　）	次 月 繰 越	（　　　　　）
製 造 間 接 費	（　　　　　）		
	（　　　　　）		（　　　　　）

▼当社では、受注生産を行っており、実際個別原価計算制度を採用している。次の資料にもとづき、当月（7月）の指図書別原価計算表および仕掛品勘定への記入を行いなさい。

【資料】

1．月初仕掛品原価
　　No.1001　　　　168,000円
2．当月の直接材料費（実際消費額）
　　No.1001　　　　 28,000円
　　No.1002　　　　112,000円
　　No.1003　　　　140,000円
3．当月の直接労務費（実際消費額）
　　No.1001　　　　 35,000円
　　No.1002　　　　 78,400円
　　No.1003　　　　 98,000円
4．当月の製造間接費（実際発生額）
　　当月の製造間接費実際発生額は、次のとおり各製品に配賦する。
　　No.1001　　　　 44,800円
　　No.1002　　　　106,400円
　　No.1003　　　　123,200円
5．当月末において、No.1003のみ未完成である。

指図書別原価計算表　　　　　　　　　　　　　　（単位：円）

摘　　　要	No.1001	No.1002	No.1003	合　　　計
月初仕掛品原価				
直 接 材 料 費				
直 接 労 務 費				
製 造 間 接 費				
合　　　計				
備　　　考				

仕　掛　品　　　　　　　　（単位：円）

月初仕掛品	（　　　　　）	当月完成品	（　　　　　）
直接材料費	（　　　　　）	月末仕掛品	（　　　　　）
直接労務費	（　　　　　）		
製造間接費	（　　　　　）		
	（　　　　　）		（　　　　　）

問題 4 指図書別原価計算表の作成③

応用 ★★★☆☆ check!

➡解答・解説 P.102

日付 / / /
✓

▼次の資料にもとづき、指図書別原価計算表を完成させ、月末仕掛品原価、月末製品原価を求めなさい。

【資料】

1．当月の生産状況(すべて当月に作業を開始した)

製造指図書	製品名	注文量	完成量
No.501	X製品	140台	100台
No.502	Y製品	120台	120台(未引渡)
No.503	Z製品	180台	180台(引渡済)

2．当月の製造原価

(1)直接材料費

実際価格　@420円

実際消費量　No.501（200個）　No.502（310個）　No.503（450個）

(2)直接労務費

実際賃率　@1,400円

実際作業時間　No.501（40時間）　No.502（60時間）

No.503（80時間）

(3)製造間接費

実際発生額　間接材料費　　36,400円

間接労務費　　25,200円

間接経費　　　14,000円

合　計　　　　75,600円

なお、製造間接費は直接労務費を基準に配賦する。

指図書別原価計算表　　　　　　　　　　　　(単位：円)

摘　　　要	No.501	No.502	No.503	合　　　計
直 接 材 料 費				
直 接 労 務 費				
製 造 間 接 費				
合　　　計				

月末仕掛品原価 ＿＿＿＿＿＿＿＿＿＿ 円

月末製品原価 ＿＿＿＿＿＿＿＿＿＿ 円

問題5 勘定記入①

応用 ★★★★☆ check!

➡解答・解説 P.103

日付	/	/	/
✓			

▼全経工場では、実際個別原価計算を行っている。次の資料にもとづいて仕掛品勘定
および製品勘定を完成させなさい。

（資　料）

1．各製造指図書に関するデータは、次のとおりである。

製造指図書	直接材料費	直接労務費	製造間接費	備　　　考
No.110	820,000円	150,000円	600,000円	前月着手・完成、当月引渡
No.120				前月着手、当月完成・引渡
前月	650,000円	129,000円	510,000円	
当月	770,000円	30,000円	120,000円	
No.130	1,380,000円	190,000円	750,000円	当月着手・完成、当月末未引渡
No.140	?	135,500円	540,000円	当月着手、当月末未完成

2．当月における直接材料の在庫増減は、次のとおりであった。

月初在庫量	200個	(@1,000円)
当月購入量	1,800	(@2,100円)
計	2,000個	
当月消費量	1,750	
月末在庫量	250個	

3．直接材料の消費価格は、平均法を用いて計算している。

```
                        仕　　掛　　品              （単位：円）
月 初 有 高   (          )   当 月 完 成 高  (          )
当月製造費用:                月 末 有 高   (          )
  直 接 材 料 費 (          )
  直 接 労 務 費 (          )
  製 造 間 接 費 (          )
      計      (          )
             (          )                  (          )


                        製　　　品                 （単位：円）
月 初 有 高   (          )   売 上 原 価   (          )
当 月 完 成 高 (          )   月 末 有 高   (          )
             (          )                  (          )
```

問題 **6** 勘定記入②

→解答・解説 P.105

ゴール ★★★★★ check! 日付 / / / ✓

▼全経製作所は、実際個別原価計算を行っている。次に示した同社の資料にもとづき、答案用紙の仕掛品勘定と製品勘定の（　）内に適切な金額を記入しなさい。なお、仕訳と元帳転記は月末にまとめて行っている。

（資　料）

製造指図書別着手・完成・引渡記録

製造指図書番号	製造着手日	完成日	引渡日
101	5/22	6/28	7/2
102	6/10	7/10	7/12
103	6/24	7/16	7/18
104	7/10	7/30	8/5
105	7/19	8/2	8/5

6月末時点の原価計算表の要約　　　　　（単位：円）

製造指図書番号	直接材料費	直接労務費	製造間接費	合　　計
101	560,000	1,400,000	2,100,000	4,060,000
102	280,000	1,680,000	2,520,000	4,480,000
103	420,000	420,000	630,000	1,470,000

7月末時点の原価計算表の要約　　　　　（単位：円）

製造指図書番号	直接材料費	直接労務費	製造間接費	合　　計
101	560,000	1,400,000	2,100,000	4,060,000
102	280,000	1,960,000	2,940,000	5,180,000
103	420,000	1,120,000	1,680,000	3,220,000
104	700,000	1,700,000	2,600,000	5,000,000
105	840,000	280,000	420,000	1,540,000

仕　掛　品　　　　　　（単位：円）

7/1	月初有高（　　　）	7/31	当月完成高（　　　）
7/31	直接材料費（　　　）	〃	月末有高（　　　）
〃	直接労務費（　　　）		
〃	製造間接費（　　　）		
	（　　　）		（　　　）

製　　品　　　　　　（単位：円）

7/1	月初有高（　　　）	7/31	売上原価（　　　）
7/31	当月完成高（　　　）	〃	月末有高（　　　）
	（　　　）		（　　　）

仕損・作業くずの会計処理

Section 2

問題 7 **仕損の処理①**

基本 ★☆☆☆☆	check!	日付	/	/	/
➡解答・解説 P.107		✓			

▼当社は、実際個別原価計算を採用している。次の資料にもとづいて指図書別原価計算表を完成させるとともに、２．の仕損に関する処理の仕訳を示しなさい。

なお、すべて当月中に完成している。

（資　料）

1．指図書♯100（指図書に集計された金額：直接材料費125,000円、直接労務費118,000円、製造間接費224,000円）について仕損が発生したが、補修により合格品となった。指図書♯100－1（指図書に集計された金額：直接材料費21,000円、直接労務費32,000円、製造間接費28,000円）はこの補修に対して発行した補修指図書である。

2．指図書♯101（指図書に集計された金額：直接材料費80,000円、直接労務費95,000円、製造間接費120,000円）の全部が仕損となった。そこで、指図書♯101－1（指図書に集計された金額：直接材料費75,000円、直接労務費96,000円、製造間接費103,000円）を発行して代品を製造した。なお、仕損品の評価額は30,000円であった。

原 価 計 算 表　　　　　　　　　　（単位：円）

摘　　　要	♯100	♯101	♯100－1	♯101－1
直接材料費				
直接労務費				
製造間接費				
小　計				
評　価　額				
仕　損　費				
合　計				

（単位：円）

借　方　科　目	金　　額	貸　方　科　目	金　　額

問題 8　仕損の処理②

基本 ★★★☆☆　check!
➡ 解答・解説 P.108
日付 / / /
✓

▼原価計算表を完成しなさい。ただし、各指図書に対する製造間接費の配賦額は、直接労務費法による。

原 価 計 算 表

摘要 ＼ 指図書#	＃1	＃2	＃3	＃2-R1	合　　計
月初仕掛品原価	92,500	(　　　　　)	—	—	152,000
直接材料費	(　　　　　)	166,300	(　　　　　)	29,800	502,800
直接労務費	(　　　　　)	(　　　　　)	232,000	(　　　　　)	920,000
直 接 経 費	45,000	34,700	25,600	(　　　　　)	(　　　　　)
製造間接費	(　　　　　)	402,300	(　　　　　)	72,900	1,242,000
小　　計	(　　　　　)	(　　　　　)	690,300	163,100	(　　　　　)
補　修　費	—	(　　　　　)	—	△(　　　　　)	0
合　　計	1,114,300	(　　　　　)	(　　　　　)	0	(　　　　　)
備　　考	完　成	完　成	未 完 成	＃2へ賦課	

問題 9　作業くずの処理

基本 ★★★★☆　check!
➡ 解答・解説 P.109
日付 / / /
✓

▼次の取引の仕訳を示しなさい。

　製造指図書No.26は製品製造中に作業くずが発生した。この作業くずの評価額は20,000円であり、製造指図書No.26の製造原価から控除することにした。

（単位：円）

借 方 科 目	金　　額	貸 方 科 目	金　　額

▼全経工業株式会社の６月中の取引は、次のとおりである。下記の条件を参照して、各勘定口座の(　　　)内に勘定科目または金額を記入し、原価計算表を作成しなさい。

条　件

1. 当社は、顧客の注文に応じて製品を製造している。なお、当月は、製造指図書 #601・#602・#603の製造を行ったが、#602の一部に仕損が生じたため、補修指図書#602-R1を発行し、補修を行った。
2. 当社は、個別原価計算制度を採用している。
3. 材料の消費高については、素材は予定価格により、また工場消耗品は棚卸計算法により計算している。
4. 労務費については、直接工は作業内容別の時間把握を行い、予定消費賃率により賃金消費高を計算している。しかし、間接工については、作業内容別の時間把握を行っていない。
5. 製造間接費については、直接作業時間を基準として予定配賦を行う。
   　　年間製造間接費予算額￥36,400,000　　年間直接作業時間(基準操業度)52,000時間
6. 月初勘定残高(一部)については、次のとおりである。
   　　素　　　　　材(借方残高)　　￥158,000
   　　工場消耗品(借方残高)　　　　24,000
   　　賃 金 給 料(貸方残高)　　　489,000　(内訳:直接工分￥392,000　間接工分￥97,000)
   　　仕 　掛 　品(借方残高)　　　276,000　(すべて製造指図書#601である)

取　引

1. 素材￥2,621,000および工場消耗品￥245,000を掛けで仕入れた。
2. 素材を次のとおり消費した。素材の予定価格は、￥450(1kgあたり)である。

直 接 材 料 費				間接材料費	合　　計
製造指図書#601	製造指図書#602	製造指図書#603	補修指図書#602-R1		
1,840kg	1,620kg	1,360kg	180kg	760kg	5,760kg

3. 素材の実際消費価格に実際消費量を乗じて計算した素材費は、￥2,594,000であり、材料消費価格差異を計上した。
4. 素材の月末実地棚卸高は￥182,000であり、棚卸減耗費は製造間接費とした(棚卸減耗費勘定は使用しないこと)。
5. 工場消耗品の月末実地棚卸高は￥28,000であり、実際消費高を製造間接費とした。
6. 直接工および間接工等に対する当月の給与総支給高は￥3,610,000であり、預り金￥722,000を差し引き、正味支払高を当座預金より各従業員の銀行口座へ振り込んだ。なお、総支給総額のうち直接工分は￥3,008,000であった。
7. 直接工の賃金消費高を、次の作業時間によって計上した。予定消費賃率は、￥680(1時間あたり)である。

直 接 作 業 時 間				間接作業時間	合　　計
製造指図書#601	製造指図書#602	製造指図書#603	補修指図書#602-R1		
1,450時間	1,250時間	850時間	200時間	750時間	4,500時間

8. 直接工の月末未払賃金高は¥439,000であり、賃率差異を計上した。

9. 間接工等の月末未払賃金高は¥93,000であり、実際消費高を製造間接費とした。

10. 製造間接費を、直接工の直接作業時間により予定配賦した。

11. 経費支払表において、製造指図書番号の記入がある経費消費高は、¥49,000（＃601）、¥37,000（＃602）、¥28,000（＃603)であり、製造指図書番号の記入がない経費消費高は、¥496,000であった。なお、これらの経費は、すべて小切手を振り出して支払っている。

12. 当月分の減価償却費¥443,000を製造間接費として計上した。

13. 製造間接費の予定配賦高と実際消費高との差額を製造間接費配賦差異勘定に振り替えた。

14. 補修指図書＃602-R1の作業が終了し、集計された製造原価を製造指図書＃602に賦課した(仕損費勘定は使用しないこと)。

15. 製造指図書＃601・＃603の製造過程より作業くずが発生した。これらの評価額は各製造指図書＃601・＃603の製造原価から控除する。

　　　製造指図書＃601　　¥4,000　　　製造指図書＃603　　¥5,000

16. 製造指図書＃601と＃602が完成した。＃601を販売価格¥4,800,000で顧客に引き渡し、代金はすべて掛けとした。

17. 収益勘定・費用勘定を月次損益勘定へ振り替えた。

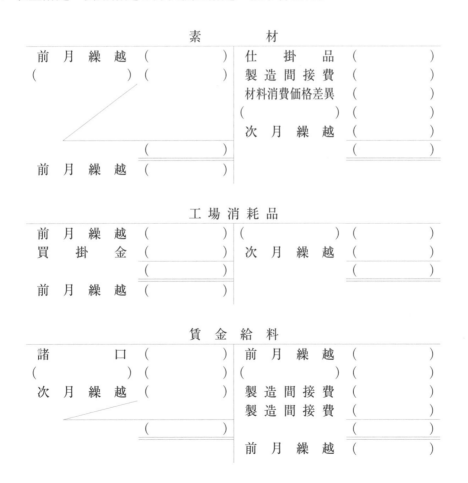

仕　掛　品

前　月　繰　越 （　　　　　）	仕　掛　品 （　　　　　）
（　　　　　　） （　　　　　）	作　業　く　ず （　　　　　）
賃　金　給　料 （　　　　　）	（　　　　　　） （　　　　　）
当　座　預　金 （　　　　　）	次　月　繰　越 （　　　　　）
製　造　間　接　費 （　　　　　）	
仕　掛　品 （　　　　　）	
（　　　　　）	（　　　　　）
前　月　繰　越 （　　　　　）	

製　造　間　接　費

素　　　　　材 （　　　　　）	仕　掛　品 （　　　　　）
素　　　　　材 （　　　　　）	製造間接費配賦差異 （　　　　　）
（　　　　　） （　　　　　）	
賃　金　給　料 （　　　　　）	
賃　金　給　料 （　　　　　）	
当　座　預　金 （　　　　　）	
減価償却累計額 （　　　　　）	
（　　　　　）	（　　　　　）

製　　　　　品

仕　掛　品 （　　　　　）	売　上　原　価 （　　　　　）
	次　月　繰　越 （　　　　　）
（　　　　　）	（　　　　　）
前　月　繰　越 （　　　　　）	

売　上　原　価

製　　　　　品 （　　　　　）	月　次　損　益 （　　　　　）

売　　　　　上

月　次　損　益 （　　　　　）	売　掛　金 （　　　　　）

原　価　計　算　表　　　　　　（単位：円）

指図書#　摘要	＃601	＃602	＃603	＃602-R1	合　計
月初仕掛品原価					
直接材料費					
直接労務費					
直　接　経　費					
製造間接費					
小　　計					
補　修　費					
合　　計					
作業くず評価額					
差　引　計					
備　　考	完　成	完　成	仕掛中	＃602へ賦課	

118

Chapter 11
とおるポイント

Section 1 製造間接費の部門別計算

●部門別計算の意義

①製造間接費の配賦計算を合理的にすることで、製品原価の計算を正確にすること。

②原価発生の部門に一定の責任を負わせることで、原価管理に役立てること。

●部門別計算の流れ

①部門個別費の賦課、部門共通費の配賦（第1次集計）

↓ ┐ 実際発生額の把握

②補助部門費の製造部門への配賦（第2次集計）

↓

③製造部門費の製品への配賦（実際配賦）

（資　料）

当社は、製造部門として組立部と切削部を持ち、補助部門として動力部と修繕部を持っている。原価の発生状況は次のとおりである。

製造間接費部門別配賦表　　　　　　（単位：円）

費　　目	合　　計	製 造 部 門		補 助 部 門	
		組 立 部	切 削 部	動 力 部	修 繕 部
部門個別費	71,000	30,000*1	20,000*1	12,000*1	9,000*1
部門共通費	30,000	10,000*2	10,000*2	5,000*2	5,000*2
部　門　費	101,000	40,000	30,000	17,000	14,000
動 力 部 費	17,000	10,000*3	7,000*3		
修 繕 部 費	14,000	7,000*4	7,000*4		
製造部門費	101,000	57,000	44,000		

上の表を勘定連絡の形で表すと、次のようになります。

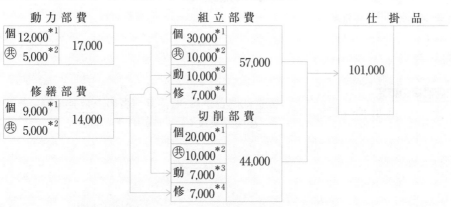

＊1、＊2、＊3、＊4は製造間接費部門別配賦表と各勘定で対応しています。

●補助部門費の製造部門への配賦

補助部門費を各製造部門に配賦する方法として直接配賦法と相互配賦法があります。

(1)直接配賦法

補助部門相互の用役授受を配賦計算上は無視して、補助部門費を製造部門にだけ配賦します。

(2)相互配賦法

補助部門費の配賦を2段階に分けます。
①第1次配賦（純粋な相互配賦）

用役の提供割合どおりに配賦します（補助部門相互の用役授受も考慮します）。
②第2次配賦（直接配賦）

製造部門にだけ配賦します。

Section 2 製造間接費の部門別予定配賦

●予定配賦の手続き

あらかじめ設定した予定配賦率を用いて、製造部門費を製品に予定配賦する方法です。
①製造部門費の製品への配賦（予定配賦）
　　　　　↓
②部門個別費の賦課、部門共通費の配賦 ⎫
　　　　　↓　　　　　　　　　　　　　⎬ 実際発生額の把握
③補助部門費の製造部門への配賦　　　 ⎭
　　　　　↓
④差異の把握、分析

●部門別予定配賦率の算定

$$部門別予定配賦率 = \frac{製造部門費予算（製造部門費の予定発生額）}{基準操業度（予定直接作業時間など）}$$

●帳簿への記入

（組立部費予定配賦額 56,000円）

①（借）仕　掛　品　56,000　　（貸）組　立　部　費　56,000

（切削部費予定配賦額 48,000円）

②（借）仕　掛　品　48,000　　（貸）切　削　部　費　48,000

（組立部費実際発生額 57,000円）

③（借）製造部門費配賦差異　1,000　　（貸）組　立　部　費　1,000

（切削部費実際発生額 44,000円）

④（借）切　削　部　費　4,000　　（貸）製造部門費配賦差異　4,000

以上の仕訳を勘定連絡の形で表すと、次のとおりです。

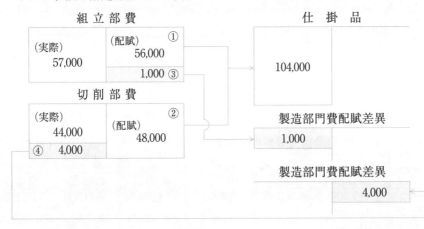

①、②、③、④はそれぞれ仕訳と対応しています。

製造間接費の部門別計算

問題

1

直接配賦法

基本	★★★★☆	check!

➡解答・解説 P.116

日付	/	/	/
✓			

▼当工場は実際個別原価計算制度を採用しており、製造間接費については部門別計算を行っている。次の資料にもとづいて各勘定の記入を行いなさい。ただし、補助部門費の配賦は、直接配賦法によること。

(資 料)

1．製造部門・補助部門への部門共通費の配賦割合

	切削部	組立部	動力部	修繕部	事務部
部門共通費	56%	24%	10%	6 %	4 %

2．製造部門への補助部門費の配賦割合

	切削部	組立部
動力部	75%	25%
修繕部	60%	40%
事務部	70%	30%

製造間接費部門別配賦表
(単位：円)

費　目	配賦基準	合　計	製 造 部 門		補 助 部 門		
			切削部	組立部	動力部	修繕部	事務部
部門個別費	――	1,417,000	621,000	528,000	142,500	103,300	22,200
部門共通費	従業員数	495,000					
部 門 費		1,912,000					
事務部門費	従業員数						
修繕部門費	修繕作業時間						
動力部門費	機械運転時間						
製造部門費							

切削部門費		(単位：円)
諸　　　　口(　　　)	仕　掛　品(　　　)
事務部門費(　　　)	
修繕部門費(　　　)	
動力部門費(　　　)	
(　　　)	(　　　)

組立部門費		(単位：円)
諸　　　　口(　　　)	仕　掛　品(　　　)
事務部門費(　　　)	
修繕部門費(　　　)	
動力部門費(　　　)	
(　　　)	(　　　)

動力部門費		(単位：円)
諸　　口(　　　)	諸　　　　口(　　　)

修繕部門費		(単位：円)
諸　　口(　　　)	諸　　口(　　　)

事務部門費		(単位：円)
諸　　口(　　　)	諸　　　　口(　　　)

相互配賦法

基本 ★★★★☆ check!

➡解答・解説 P.119

日付	/	/	/
✓			

▼当社は実際個別原価計算制度を採用しており、製造間接費については部門別計算を行っている。次の資料にもとづき、相互配賦法を用いて製造間接費部門別配賦表の記入および仕訳を行いなさい。ただし、第1次配賦は相互配賦によって行うが、第2次配賦は直接配賦法によって行う。また、円未満の端数が生じた場合には四捨五入すること。

(資 料)

(1)補助部門の用役提供割合

	合 計	機械加工部	組立部	材料倉庫部	動力部	工場事務部
材料倉庫部	100%	50%	30%	—	10%	10%
動 力 部	100%	40%	40%	10%	—	10%
工場事務部	100%	30%	30%	10%	30%	—

(2)資料の一部は解答用紙の製造間接費部門別配賦表に記入されている。

(3)仕訳は製造間接費勘定を統制勘定として用い、次に示す①～③の事柄について行うこと。

　①部門費の集計(第1次集計)

　②補助部門費の配賦(第2次集計)

　③製造部門費の仕掛品勘定への配賦

(4)製造間接費の仕掛品への配賦は実際配賦による。

製造間接費部門別配賦表　　　　　　　　（単位：円）

摘　　要	合　　計	製　造　部　門		補　助　部　門		
		機械加工部	組　立　部	材料倉庫部	動　力　部	工場事務部
部　門　費	1,345,000	530,000	380,000	145,000	150,000	140,000
材料倉庫部門費				──		
動力部門費					──	
工場事務部門費						──
材料倉庫部門費						
動力部門費						
工場事務部門費						
製造部門費	1,345,000					

（単位：円）

	借　方　科　目	金　　額	貸　方　科　目	金　　額
①				
②				
③				

Section

2

製造間接費の部門別予定配賦

問題 3 **部門別計算の仕訳**

基本	★★★☆☆	check!

➡ 解答・解説 P.121

日付	/	/	/
✓			

▼実際個別原価計算制度を採用している当社の次の取引について、指定された勘定科目を用いて仕訳を示しなさい。なお、当社は製造間接費については部門別計算を行い、各製造指図書には予定配賦を行っている。

指定勘定科目‥‥材料、賃金、経費、甲製造部門費、乙製造部門費、動力部門費、
　　　　　　　　　修繕部門費、仕掛品、製造部門費配賦差異

（取　引）

①甲・乙製造部門費を、直接作業時間を基準として各製造指図書に予定配賦した。

	予定配賦率	当月実際直接作業時間
甲製造部門費	@170円	4,300時間
乙製造部門費	@150円	3,400時間

②製造間接費の実際発生額は、材料500,000円、賃金310,000円、経費440,000円であり、次のとおり各部門に配賦した。

	甲製造部	乙製造部	動力部	修繕部
材　料	250,000円	200,000円	30,000円	20,000円
賃　金	150,000円	90,000円	40,000円	30,000円
経　費	200,000円	150,000円	50,000円	40,000円

③上記補助部門費を次の配賦率により、甲・乙製造部門へ配賦した。

	甲製造部	乙製造部
動力部門費	55%	45%
修繕部門費	70%	30%

④甲・乙製造部で把握された差異を、製造部門費配賦差異勘定へ振り替えた。

（単位：円）

	借方科目	金　額	貸方科目	金　額
①				
②				
③				
④				

問題 **4** 部門別予定配賦率の計算①

基本 ★★☆☆☆　check!

→ 解答・解説 P.123

日付	／	／	／
✓			

▼当工場は、実際個別原価計算制度を採用している。製造間接費については組立と塗装の2部門をとおして製品に配賦している。次の資料にもとづいて、組立・塗装両部門費の予定配賦率を計算しなさい。なお、両部門とも製造間接費は直接作業時間を基準として製品に配賦する。

（資　料）

①向こう1年間の予定直接作業時間数……組立部6,000時間、塗装部4,000時間

②上記（予定直接作業時間）において予想される部門個別費は、解答用紙のとおりである。

③部門共通費5,000,000円の各部門への配賦は、占有面積を基準にして行う。占有面積は、組立部960㎡、塗装部640㎡、補助部400㎡と見込まれる。

④補助部門費の配賦は直接配賦法により、直接作業時間数を基準とする。

製造間接費部門別配賦表　　（単位：千円）

費　目 ＼ 部　門	組　立　部	塗　装　部	補　助　部
部　門　個　別　費	6,240	3,240	3,100
部　門　共　通　費			
補　助　部　門　費			
計			
予　定　配　賦　率	円／時間	円／時間	

問題 5 部門別配賦

▼当工場には、機械加工部と組立部の2つの製造部門がある。各部門の補助部門費配賦後の製造間接費年間予算額は、機械加工部においては3,600,000円、組立部においては480,000円である。年間の予定直接作業時間は、機械加工部においては2,400時間、組立部においては1,000時間である。なお、製造間接費の配賦基準は、直接作業時間を採用している。受注品Xは、機械加工部の直接作業時間を3時間必要とし、組立部の直接作業時間を1時間必要とした。それに対して、受注品Yは、機械加工部の直接作業時間をまったく必要とせず、組立部の直接作業時間を4時間必要とした。このような条件のもとで以下の問に答えなさい。

問1　部門別の予定配賦率を使った場合、受注品Xと受注品Yの製造間接費配賦額を計算しなさい。

問2　以下のア～ウの中で、記述内容の最も適切でないものを1つ選びなさい。

ア．部門別予定配賦率を使った場合、機械加工部の配賦基準を機械作業時間に置きかえることにより、さらに正確な製品別原価計算を行うことができる可能性がある。

イ．部門別予定配賦率を使うと、直接作業時間のトータルが多くかかる受注品が、必ずしも直接作業時間のトータルの少ない受注品より製造間接費配賦額が大きくなるとはかぎらない。

ウ．直接作業時間が多いのはそれだけ直接工の労働を必要としているということを意味し、コストは高くなって当然である。しかるに、部門別予定配賦率を使うと、労働力を多く使う組立部での予定配賦率が低くなってしまい問題である。

問1

受注品 X	円
受注品 Y	円

問2

▼当社は実際個別原価計算制度を採用しており、製造間接費については組立と仕上の２部門をとおして製品に配賦している。次の資料にもとづいて、組立・仕上両部門費の予定配賦率を計算しなさい。なお、両部門とも製造間接費は機械加工時間を基準として製品に配賦する。

（資　料）
①向こう１年間の予定機械加工時間数

組立部	仕上部
3,600 時間	2,400 時間

②上記（予定機械加工時間）において予想される部門個別費は、解答用紙のとおりである。

③部門共通費3,000,000円は、組立部・仕上部・補助部へ５：３：２の割合で配賦する。

④補助部門費の配賦は直接配賦法により、機械加工時間数を基準とする。

製造間接費部門別配賦表　　　　　　　　　　（単位：千円）

費目＼部門	組　　立　　部	仕　　上　　部	補　　助　　部
部 門 個 別 費	4,860	1,660	3,800
部 門 共 通 費			
補 助 部 門 費			
計			
予 定 配 賦 率	円／時間	円／時間	

問題 7 部門費の予定配賦

| 日付 | / | / | / |

▼本年10月中に実際に発生した甲工場の製造間接費等に関する数値は次のとおりである。これらの数値を用いて必要な計算を行い、各部門費勘定の（　）内に正しい金額を記入しなさい。

この工場では、月間に発生した製造間接費はこれをいったん製造間接費勘定に集計し、次に、それを各部門費勘定に振り替え、そこから仕掛品勘定に予定配賦している。

なお、補助部門費の製造部門への配賦は直接配賦法によって行う。

年度始めに決定した製造部門の仕掛品への予定配賦率は、機械稼働時間1時間あたり、組立部が4,000円で仕上部が6,000円である。

部門費集計表・補助部門費配賦表

資料(1)　（本年10月分実際数値）　（単位：千円）

部　門	配賦基準	合　計	製　造　部　門		補　助　部　門		
			組　立　部	仕　上　部	動　力　部	修　繕　部	工場事務部
個別費・共通費合計		3,839.5	1,800	1,608	370	22	39.5
動　力　部　門　費	電力消費量						
修　繕　部　門　費	修繕時間数						
工場事務部門費	従業員数						
計							

(注) この表は未完成である。あとは各自で記入しなさい。

資料(2)　本年10月中の実際数値

	合　計	製　造　部　門		補　助　部　門		
		組　立　部	仕　上　部	動　力　部	修　繕　部	工場事務部
電力消費量（kWh）	480	120	250	－	50	60
修繕時間数（h）	60	25	30	5	－	－
従業員数（人）	96	35	44	2	5	10
機械稼働時間数	800	500	300	－	－	－

組立部門費　（単位：千円）

製造間接費（　　）	仕　掛　品（　　）
動力部門費（　　）	
修繕部門費（　　）	
工場事務部門費（　　）	
原価差異（　　）	
（　　）	（　　）

仕上部門費　（単位：千円）

製造間接費（　　）	仕　掛　品（　　）
動力部門費（　　）	原価差異（　　）
修繕部門費（　　）	
工場事務部門費（　　）	
（　　）	（　　）

動力部門費　（単位：千円）

製造間接費（　　）	諸　　口（　　）

修繕部門費　（単位：千円）

製造間接費（　　）	諸　　口（　　）

工場事務部門費　（単位：千円）

製造間接費（　　）	諸　　口（　　）

▼個別受注生産をしている全経工業株式会社では、製造間接費については部門別計算を行っている。よって、下記の資料にもとづいて、(1) 部門費振替表の作成、(2) 第1製造部門費勘定・A補助部門費勘定・仕掛品勘定・製品勘定の記入、および (3) 指図書別原価計算表の作成を行いなさい。なお、当月は、#34、#35、#36の製造を行ったが、補修指図書#34-R1を発行し、補修を行った。月末には、補修指図書#34-R1の作業は終了し、集計された製造原価は製造指図書#34に賦課した。ただし、仕損費勘定は使用しないこと。

資　料

1．月初製品原価

	指図書#33
前月繰越高	¥ 1,758,200

2．月初仕掛品原価

	指図書#34
前月繰越高	¥ 772,600

3．材料費

	指図書#34	指図書#35	指図書#36	指図書#34-R1
直接材料費	¥ 178,500	¥ 572,600	¥ 529,800	¥ 24,500

	第1製造部門	第2製造部門	A補助部門	B補助部門	部門共通費
間接材料費	¥ 493,900	¥ 297,200	¥ 56,300	¥ 24,700	¥ 206,200

4．労務費

	指図書#34	指図書#35	指図書#36	指図書#34-R1
直接労務費	¥ 138,200	¥ 248,000	¥ 338,300	¥ 16,700

	第1製造部門	第2製造部門	A補助部門	B補助部門	部門共通費
間接労務費	¥ 313,200	¥ 160,500	¥ 57,700	¥ 21,800	¥ 132,700

5．経費

	指図書#34	指図書#35	指図書#36	指図書#34-R1
直接経費	¥ 20,900	¥ 31,100	¥ 44,700	¥ ———

	第1製造部門	第2製造部門	A補助部門	B補助部門	部門共通費
間接経費	¥ 249,700	¥ 174,200	¥ 47,200	¥ 28,600	¥ 119,100

6．製造部門・補助部門への部門共通費の配賦割合

	第1製造部門	第2製造部門	A補助部門	B補助部門
部門共通費	45%	40%	10%	5%

7．作業くずの評価額

	指図書#34	指図書#35	指図書#36	指図書#34-R1
評価額	¥ 8,200	¥ 12,800	¥ 9,400	¥ ———

	第1製造部門	第2製造部門	A補助部門	B補助部門
評価額	¥ 3,000	¥ 4,000	¥	¥

作業くずについては、各指図書および各部門費から、それぞれの評価額を控除する処理を行うものとする。

8．製造部門への補助部門費の配賦割合

	第1製造部門	第2製造部門
A補助部門費	40%	60%
B補助部門費	45%	55%

9．製造指図書への製造部門費の予定配賦額

①　製造部門費予算額および基準操業度

	第1製造部門費	第2製造部門費
製造間接費予算額	¥ 16,530,000	¥ 11,840,000
基準操業度	19,000時間	16,000時間

なお、第1製造部門費・第2製造部門費の配賦基準は、直接作業時間を採用している。

②　実際直接作業時間

	指図書#34	指図書#35	指図書#36	指図書#34-R1
第1製造部門費	350時間	690時間	520時間	20時間
第2製造部門費	420時間	490時間	410時間	30時間

10．製造指図書#34、#35が完成した。

11．当月受注先に引き渡された製品は、指図書#33、#34であった。販売価格は#33が¥2,640,000、#34が2,680,000であり、代金はすべて掛けとした。

(1)

部 門 費 振 替 表　　　　　（単位：円）

摘　　要	合　　計	第1製造部門	第2製造部門	A補助部門	B補助部門
部門個別費					
間接材料費					
間接労務費					
間接経費					
部門共通費配賦額					
部門費合計					
作業くず評価額					
差引計					
A補助部門費					
B補助部門費					
実際発生額					
予定配賦額					
部門費差異	（　）	（　）	（　）		

部門費差異の行の（　）内には、借方差異ならば−を、貸方差異ならば＋を記入しなさい。

(2)

第1製造部門費

製 造 間 接 費	（　　　　　）	（　　　　　　　）	（　　　　　）
A 補 助 部 門 費	（　　　　　）	作 業 く ず	（　　　　　）
（　　　　　）	（　　　　　）	部 門 費 差 異	（　　　　　）
	（　　　　　）		（　　　　　）

A 補助部門費

（　　　　　）	（　　　　　）	第 1 製造部門費	（　　　　　）
		（　　　　　）	（　　　　　）
	（　　　　　）		（　　　　　）

仕　掛　品

前 月 繰 越	（　　　　　）	仕 掛 品	（　　　　　）
材 　 料	（　　　　　）	（　　　　　）	（　　　　　）
賃 金 給 料	（　　　　　）	作 業 く ず	（　　　　　）
経 　 費	（　　　　　）	次 月 繰 越	（　　　　　）
第 1 製造部門費	（　　　　　）		
第 2 製造部門費	（　　　　　）		
（　　　　　）	（　　　　　）		
	（　　　　　）		（　　　　　）
前 月 繰 越	（　　　　　）		

製　　　品

前 月 繰 越	（　　　　　）	（　　　　　）	（　　　　　）
（　　　　　）	（　　　　　）	次 月 繰 越	（　　　　　）
	（　　　　　）		（　　　　　）
前 月 繰 越	（　　　　　）		

(3)

指図書別原価計算表　　　　　　　　　（単位：円）

摘　　要	指図書 # 34	指図書 # 35	指図書 # 36	指図書 # 34-R1	合　　計
月初仕掛品原価					
直 接 材 料 費					
直 接 労 務 費					
直 接 経 費					
第 1 製造部門費					
第 2 製造部門費					
小　　計					
補 　 修 　 費					
合　　計					
作業くず評価額					
差 引 計					
備　　　　考	完　成	完　成	仕掛中	# 34へ賦課	

解答・解説編

Chapter 1
工業簿記と原価計算

問題 1 商業簿記と工業簿記①

解 答

① (ニ)　② (イ)　③ (ロ)　④ (ハ)

解 説

　商業簿記と工業簿記の違いについての出題です。
　工業簿記は文字どおり、工業を営む企業（製造業）で用いられる簿記であり、製造業の特徴は製造活動を行う点にあります。

テキスト p.1-2
参照

問題 2 商業簿記と工業簿記②

解 答

① 記録　② 報告　③ 計算　※　①と②は順不同。

解 説

　工業簿記と原価計算との関係についての出題です。

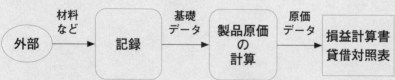

　工業簿記も商業簿記と同じく、取引を「記録」し、必要な「計算」を行い、その結果を損益計算書や貸借対照表といった財務諸表で「報告」します。このうち、「記録と報告」は主に『工業簿記』の役目であり、『原価計算』は主に「計算」を役目とします。

テキスト p.1-3
参照

Section **2** 原価計算とは

問題 **3** 適語補充～原価計算制度ほか～

解答

問1

	ア	原価計算制度	イ	特殊原価調査	ウ	実 際	エ	標 準

問2

	ア	実 際	イ	実際原価	ウ	標 準	エ	標準原価

問3

	ア	個別原価計算	イ	総合原価計算	ウ	全 部	エ	部 分	オ	変 動

解説

　最低限、おさえていただきたい用語について出題しています（例えば標準原価、実際原価など）。試験に出題される可能性は低いと思いますが、これからの学習を進める上で必要不可欠な知識です。頑張ってマスターしてください。

テキスト p.1-7 ～ 1-9
参照

Chapter 2
工業簿記の流れと原価の分類

工場で製品が作られるまで

問題 1 購入から販売まで

解答

(単位：円)

	借 方 科 目	金 額	貸 方 科 目	金 額
(1)	材　　　　料	8,000	買　　掛　　金	8,000
(2)	仕　　掛　　品	6,000	材　　　　料	6,000
(3)	製　　　　品	14,000	仕　　掛　　品	14,000
(4)	売　　掛　　金	20,000	売　　　　上	20,000
	売　上　原　価	12,000	製　　　　品	12,000

テキスト p.2-2
参照

原価の意義と分類

問題 2 総原価の分類①

解答

製 造 原 価	ア、ウ、エ
販　売　費	オ
一般管理費	イ、カ

解説

　まだ学習をはじめたばかりですから、下記に従い、ざっくりと分類できるようにしておきましょう。

　製 造 原 価：製品の製造にかかった原価
　販　売　費：製品の販売にかかった原価
　一般管理費：企業活動全般の管理にかかった原価

　本社で発生した費用は、一般管理費となります。「本社〜」とあったら一般管理費です。同じ電気代でも、本社の電気代は一般管理費、工場の電気代は製造原価となります。

テキスト p.2-7
参照

問題 3 総原価の分類②

解答

(1) ① 消費 ② 貨幣支出額
(2) 製造原価 ○ハ○ 販売費 ○イ○ 一般管理費 ○ロ○

解説

01)
これを原価の職能別
分類といいます。

(1) 原価の定義についての出題ですが、その意味するところは徐々にわかってくるので、深く悩まなくても大丈夫です。
(2) 原価は「経営活動においてかかったお金」です。そこで、原価は、どのような経営活動のためのものかによって本問のように分類できます[01]。
　　製造原価、販売費及び一般管理費を総称して総原価といいます。このうち、販売費と一般管理費は商業簿記でも登場します。この両者をあわせて営業費といいます。一方、製造原価は工業簿記独特の原価といえます。

テキスト p.2-7
参照

Section 3 製造原価の分類

問題 4 製造原価の分類①

解答

① 材料費 ○ハ○ 労務費 ○ロ○ 経 費 ○イ○
② 製造直接費 ○イ○ 製造間接費 ○ロ○

解説

01)
これを原価の形態別
分類といいます。
02)
これを製品との関連
による分類といいます。

① 工程で原価財を消費すると製造原価が発生します。そこで、製造原価は、どのような原価財の対価であるかによって本問のように分類できます[01]。
② 製造原価は製品との関連で、さらに本問のように分類することもできます[02]。

テキスト p.2-10 ～ 2-12
参照

問題 **5** 製造原価の分類②

解 答

①	エ	②	オ	③	エ	④	カ	⑤	イ	⑥	ア
⑦	カ	⑧	ウ								

テキスト p.2-10 ～ 2-12
参照

問題 **6** 総原価の分類③

解 答

① ___200___ 円　② ___200___ 円　③ ___500___ 円

解 説

　原価の分類を計算問題の形で出題しました。計算を通じて原価の分類を把握してください。

① 900円 −(500円 + 200円)= 200円
② 2,100円 −(400円 + 600円 + 900円)= 200円
③ 3,000円 −(400円 + 2,100円)= 500円

テキスト p.2-13
参照

Chapter 3
費目別計算

1 材料費会計

問題 1 材料費の分類

解答

① 二　② ロ　③ イ　④ ホ　⑤ ハ
※　①と②、および③～⑤はそれぞれ順不同。

解説

　本問は材料費計算を行うにあたり、最も基本となる概念を出題
したものです。確実におさえてください。

テキスト p.3-2
参照

問題 2 材料の購入

解答

（単位：円）

借　方　科　目	金　　額	貸　方　科　目	金　　額
材　　　　　料	205,000	買　　掛　　金	200,000
		現　　　　　金	5,000

解説

　材料を購入したときの購入原価は、材料そのものの価格の他、
運賃も含まれます。

テキスト p.3-4
参照

7

問題
3　**先入先出法と平均法**

解 答

(A)　先入先出法
　　材料棚卸減耗費　*850* 円　　材料費　*4,050* 円
(B)　平均法
　　材料棚卸減耗費　*730* 円　　材料費　*4,380* 円

解 説

1．先入先出法

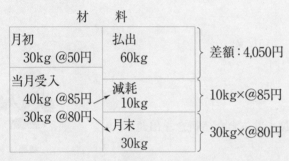

　棚卸減耗：(30kg + 40kg + 30kg) − (60kg + 30kg) = 10kg
　棚卸減耗費も材料の払出しと同じように考えます。
　月末材料は最終受入れと同じ数量ですので、最終受入れ単価 @80円で計算します。棚卸減耗10kgはその前の受入れ単価 @85円で計算します。材料費(払出額)は差額で求めるとよいでしょう。

2．平均法

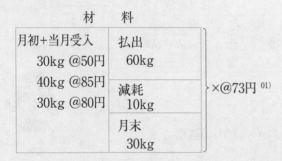

01)
$$\frac{@50円 × 30kg + @85円 × 40kg + @80円 × 30kg}{30kg + 40kg + 30kg}$$
$= @73円$

テキスト p.3-5 参照

問題 4 実際消費量の計算

 解答

材　　料

前 月 繰 越 (200,000)	当月消費高
当 月 仕 入 高 (5,800,000)	仕 掛 品 (3,200,000)
	製 造 間 接 費 (1,000,000)
	次 月 繰 越 (1,800,000)
(6,000,000)	(6,000,000)

解説

当月仕入高：
@4,000円 × 1,100個 + 1,400,000円 = 5,800,000円

当月消費高
　仕 掛 品：@4,000円 × 800個 = 3,200,000円
　製造間接費：200,000円 + 1,400,000円 − 600,000円 = 1,000,000円
　　　　　　　　月初　　　　当月　　　　月末

テキスト p.3-7
参照

問題 5 材料の動き

解答

（単位：円）

		借 方 科 目	金 額	貸 方 科 目	金 額
(1)		材　　　　料	102,000 [02)]	買　掛　金	100,000
				現　　　金	2,000
(2)	①	材　　　　料	50,000	買　掛　金	50,000
	②	材　　　　料	15,000	買　掛　金	15,000
	③	材　　　　料	10,000	現　　　金 [03)]	10,000
	④	仕　掛　品	49,000	材　　　料	49,000
	⑤	製 造 間 接 費	3,000	材　　　料	3,000
	⑥	製 造 間 接 費	2,500	材　　　料	2,500

02)
購入原価＝購入代価
（送状価額）＋引取運
賃

03)
掛けではなく現金購
入しています。

(1) 材料の購入原価は、購入代価（送状価額）に引取りに要した費用を加えた金額になります。

(2) ④の素材費と買入部品費は直接材料費であるため、材料勘定から仕掛品勘定へ振り替えます。

⑤の工場消耗品費は間接材料費であるため、材料勘定から製造間接費勘定へ振り替えます。

⑥の材料棚卸減耗費のうち、通常発生する程度のものは間接経費であるため、材料勘定から製造間接費勘定へ振り替えます。

材料棚卸減耗費　＠500円×（20個－15個）＝2,500円

テキスト p.3-8
参照

問題 6 材料の投入と返品

（単位：円）

	借　方　科　目	金　　額	貸　方　科　目	金　　額
①	材　　　　　料	80,000	買　　掛　　金	80,000
②	買　　掛　　金	8,000	材　　　　　料	8,000
③	仕　　掛　　品	72,000	材　　　　　料	72,000
④	材　　　　　料	4,000	仕　　掛　　品	4,000

材料を仕入先に返品したときと生産現場から戻されたときとの処理を混同しないように注意が必要です。

仕入先に返品したときは仕入れたときの処理と反対の仕訳をします。

生産現場から戻されたときは、生産現場に払い出したときの処理と反対の仕訳をします。

払出時

（借）仕　　掛　　品　72,000*　（貸）材　　　　　料　72,000

＊（100個－10個）×＠800円＝72,000円

戻り時

（借）材　　　　　料　4,000*　（貸）仕　　掛　　品　4,000

＊5個×＠800円＝4,000円

テキスト p.3-9
参照

労務費会計

問題 7 労務費の分類

解 答

① （ハ）　② （チ）　③ （イ）　④ （ニ）　⑤ （ヘ）　⑥ （ロ）
⑦ （ト）　⑧ （ホ）
※　②と③、および④〜⑧はそれぞれ順不同。

解 説

本問は労務費計算を行うにあたり、最も基本となる分類を出題したものです。確実におさえてください。

テキスト p.3-11、3-15
参照

問題 8 賃金の支払いと消費

解 答

（単位：円）

	借 方 科 目	金 額	貸 方 科 目	金 額
①	未 払 賃 金[01]	150,000	賃　　金	150,000
②	賃　　金	1,200,000	現　　金	1,200,000
③	仕 掛 品 製 造 間 接 費	849,000 381,000	賃　　金	1,230,000
④	賃　　金	180,000	未 払 賃 金	180,000

01)
未払賃金勘定は負債です。

賃　　金　（単位：円）

②（現　　金）（1,200,000）	①（未 払 賃 金）（ 150,000）
④（未 払 賃 金）（ 180,000）	③（諸　　口）（1,230,000）
（1,380,000）	（1,380,000）

未 払 賃 金　（単位：円）

①（賃　　金）（ 150,000）	前 月 繰 越（ 150,000）
（次 月 繰 越）（ 180,000）	④（賃　　金）（ 180,000）
（ 330,000）	（ 330,000）

Chapter 3 費目別計算

1. 未払賃金の処理
月初の未払賃金については再振替仕訳をし、月末の未払賃金については見越計上をします。

2. 賃金の取扱い
直接労務費分（849,000円）は仕掛品勘定へ、間接労務費分（381,000円）は製造間接費勘定へ振り替えます。

3. 当月賃金未払額の推定

当月支払額	1,200,000円
（−）前月未払額	150,000円
（＋）当月未払額	？円
当月消費額	1,230,000円

$$1,200,000円 − 150,000円 + ？円 = 1,230,000円$$
$$？円 = 180,000円（当月未払額）$$

テキスト p.3-13
参照

問題 9　消費賃金の計算

解 答

直接労務費	203,100 千円
間接労務費	179,300 千円

解 説

直接工賃金のうち、直接作業分だけが直接労務費になります。間接作業分は間接労務費になります。また、その他のうち福利施設負担額は労務費ではなく、間接経費になります。なお、賃金は未払分を調整した要支払額を消費賃金とすることに注意しましょう。

直接労務費 → 直接工直接作業分：200,000千円 ＋ 24,000千円 − 20,900千円 ＝ 203,100千円

間接労務費			
	直接工間接作業分：100,000千円 ＋ 13,000千円 − 14,600千円 ＝		98,400千円
	間接工賃金 ：70,000千円 ＋ 10,080千円 − 9,980千円 ＝		70,100千円
	従業員賞与 ： ＝		5,000千円
	法定福利費 ： ＝		2,800千円
	アルバイト給料 ： ＝		3,000千円
			179,300千円

テキスト p.3-14
参照

Section 3 経費会計

問題 10 経費の分類①

解 答

① ヘ⁰¹⁾　② ロ⁰¹⁾　③ イ　④ ハ　⑤ 二　⑥ ホ

⑦ ト

※ ①と②、および③～⑦はそれぞれ順不同。

解 説

　経費の直接費・間接費分類を出題しました。間接経費にはこの
他に、賃借料、租税公課、ガス代、水道料、電力料、保険料、福
利施設負担額、保管料、雑費等があります。

01)
外注加工賃および特
許権使用料が直接経
費であることをおさ
えれば、あえて間接
経費を全部覚える必
要はありません。

テキスト p.3-17
参照

問題 11 経費の分類②

解 答

①　月割　②　発生　③　支払　④　測定

解 説

　実際発生額の把握方法という観点からの間接経費の分類です。
4つの分類と、それぞれについての例示もおさえてください。

テキスト p.3-18
参照

解答

特許権使用料	*14,500*円	支 払 家 賃	*41,900*円
通 信 費	*38,000*円	保 管 料	*44,900*円
修 繕 費	*39,000*円		

解説

当月支払額に対して、加算すべき金額（前月前払額、当月未払額）と減算すべき金額（前月未払額、当月前払額）の区別を正確に行ってください[02]。

特許権使用料

14,000円 ＋ 1,000円 － 500円 ＝14,500円

支払家賃

42,000円 － 800円 ＋ 700円 ＝41,900円

通信費

36,000円 ＋ 800円 ＋ 1,200円 ＝38,000円

保管料

48,000円 － 1,500円 － 1,600円 ＝44,900円

修繕費

39,000円 ＋ 400円 － 200円 － 800円 ＋ 600円 ＝39,000円

02)
本問とは逆に当月消費額から当月支払額を求めるパターンも考えられます。この場合、加算と減算の関係は逆になります。したがって、加算項目および減算項目を丸暗記するよりも、理論的に考えて解答するほうが確実です。

テキスト p.3-18
参照

参考に修繕費の計算を仕訳で示すと下記のとおりです。

1. 当 月 支 払 額 （借）修 繕 費 39,000 （貸）現 金 等 39,000
2. (1)前月前払分の再振替 （借）修 繕 費 400 （貸）前払修繕費 400
   (2)前月未払分の再振替 （借）未払修繕費 200 （貸）修 繕 費 200
3. (1)当月前払分(繰延べ) （借）前払修繕費 800 （貸）修 繕 費 800
   (2)当月未払分(見越し) （借）修 繕 費 600 （貸）未払修繕費 600

修繕費

当月支払	前月未払分
39,000 円	200 円
	当月前払分
	800 円
前月前払分	
400 円	当月消費額
当月未払分	39,000 円
600 円	

経費の発生・消費①

解答

(単位：円)

	借 方 科 目	金 額	貸 方 科 目	金 額
1	仕 掛 品	60,000	材 料	60,000
2	仕 掛 品	15,000	買 掛 金	15,000
3	製 造 間 接 費	20,000	材 料	20,000
4	製 造 間 接 費	80,000	機械減価償却累計額	80,000
5	製 造 間 接 費	200,000	未 払 電 力 料	200,000

解説

(1) 材料を製造工程に入れるため、仕掛品勘定に振り替えます。
(2) 材料加工のために支払う外注加工賃により、仕掛品の価値が増加するため、仕掛品勘定で処理します。
(3) 材料の減耗分は、費用を負担すべき製品が特定できないため、製造間接費に振り替えます。
(4) 機械減価償却費は、費用を負担すべき製品が特定できないため、製造間接費として計上します。なお、当月分を計算するために、年間見積額を12カ月で割ります。
(5) 電力料は費用を負担すべき製品が特定できないため、製造間接費として計上します。

テキスト p.3-18
参照

経費の発生・消費②

解答

(単位：円)

	借 方 科 目	金 額	貸 方 科 目	金 額
(1)	仕 掛 品	35,000	当 座 預 金	35,000
(2)	製 造 間 接 費	50,000	修 繕 引 当 金	50,000
(3)	製 造 間 接 費	64,000	未 払 費 用	64,000

解説

(3)20,000円＋2円/kWh×22,000kWh＝64,000円

テキスト p.3-19
参照

予定消費額による計算

問題
15 **材料消費価格差異の処理**

解 答

(単位：円)

	借 方 科 目	金 額	貸 方 科 目	金 額
(1)	仕 掛 品	6,600	材 料	11,000
	製 造 間 接 費	4,400		
(2)	材料消費価格差異	2,000	材 料	2,000

解 説

(1) 材料のうち、直接材料として払い出したものは材料勘定から
仕掛品勘定へ振り替え、間接材料として払い出したものは材料
勘定から製造間接費勘定へ振り替えます。なお、当工場では、
予定価格を使って材料消費額を計算しているため、消費額の計
算では実際価格@130円(＝13,000円÷100kg)ではなく、予定価
格@110円を用います。

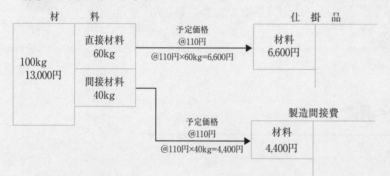

(2) 問題文のとおり、材料の予定消費額と実際消費額との差額を、
材料消費価格差異勘定に振り替えます。本問では、予定消費額
12,000円＜実際消費額13,000円であるので、材料消費価格差異
は借方差異となります。したがって、材料消費価格差異勘定の
借方を増加させる仕訳を行います。

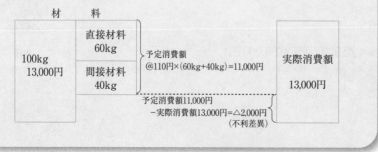

テキスト p.3-23
参照

問題 16 労務費賃率差異の処理

解答

(単位：円)

	借 方 科 目	金 額	貸 方 科 目	金 額
1	仕 掛 品	52,000	賃 金	52,000
2	賃 率 差 異	1,500	賃 金	1,500

解説

　予定消費額は、あくまで予定賃率を使って求めた消費額なので、あとで実際賃率にもとづいて計算した実際消費額を計算することになります。この予定消費額と実際消費額の差額を賃率差異といいます。

テキスト p.3-25
参照

問題 17 製造間接費の予定配賦①

解答

①	3,000	円／時間		
②	8,100,000	円		
③	750,000	円	**不利**	差異

解説

① $\dfrac{\text{年間製造間接費予算 108,000,000 円}}{\text{年間正常直接作業時間 36,000 時間}} = 3,000 \text{ 円／時間}$

② 3,000 円／時間 × 当月実際直接作業時間 2,700 時間 = 8,100,000 円

③ 予定配賦額 8,100,000 円 − 実際発生額 8,850,000 円 = △ 750,000 円（不利差異）

テキスト p.3-26
参照

問題 18 製造間接費の予定配賦②

解答

製造間接費		仕　掛　品	
(8,850,000)	(8,640,000)	(8,640,000)	
	(210,000)		

製造間接費配賦差異	
(210,000)	(―)

解説

製造間接費を予定配賦しているので、仕掛品勘定の借方には予定配賦額を記入します。

3,200 円 / 時間 × 2,700 時間 = 8,640,000 円

予定配賦額と実際発生額との差額は、製造間接費配賦差異となります。

8,640,000 円 − 8,850,000 円 = △ 210,000 円

実際発生額のほうが大きいので不利差異になります。不利差異は、製造間接費配賦差異勘定の借方に記入します。

テキスト p.3-26
参照

問題 19 費目別計算のまとめ

解 答

	素 材		(単位：万円)
期 首 有 高	200	〔直 接 材 料 費〕	(3,650)
購 入 代 価	(3,600)	期 末 有 高	(240)
〔引 取 費 用〕	(100)	正常棚卸減耗費	(10)
	3,900		3,900

	賃 金 ・ 手 当		(単位：万円)
当 期 支 給 総 額	2,600	〔前 期〕未 払 高	(610)
〔当 期〕未 払 高	(540)	〔直 接 労 務 費〕	(2,200)
賃 率 差 異	(52)	直接工間接賃金	370
		手 待 賃 金	12
	(3,192)		(3,192)

	製 造 間 接 費		(単位：万円)
間 接 材 料 費	(480)	〔仕 掛 品〕	(2,150)
間 接 労 務 費	(970)	原 価 差 異	(20)
間 接 経 費	(720)		
	2,170		2,170

	仕 掛 品		(単位：万円)
期 首 有 高	200	当 期 完 成 高	8,000
直 接 材 料 費	(3,650)	期 末 有 高	500
直 接 労 務 費	(2,200)		
直 接 経 費	(300)		
製 造 間 接 費	(2,150)		
	8,500		8,500

　原価要素別データから勘定記入する問題です。以下に勘定連絡図を示しておきます。

素　材

期　首 200万円	消費額 3,650万円
仕　入01) 3,700万円	減　耗 10万円
	期　末 240万円

仕　掛　品

期　首 200万円	完成品 8,000万円
直接材料費 3,650万円	
直接労務費 2,200万円	
直接経費02) 300万円	
製造間接費 2,150万円	期　末 500万円

賃金・手当

支　払 2,600万円	前期未払 610万円
	直接工賃金 2,200万円
当期未払 540万円	
賃率差異52万円	直接工の間接労務費 382万円

製造間接費

間接材料費*1 480万円	配賦額 2,150万円
間接労務費*2 970万円	
間接経費*3 720万円	原価差異*4 20万円

*1	間接材料費	
2.	工場補修用鋼材　20万円 + 200万円 − 18万円 =	202万円
6.	製造用切削油、機械油などの当期消費額	155万円
10.	耐用年数1年未満の製造用工具と測定器具	123万円
		480万円

*2	間接労務費	
4.	機械工および組立工賃金　370万円 + 12万円 =	382万円
5.	工場の修理工賃金　当期要支払額	230万円
7.	工場倉庫係の賃金　当期要支払額	186万円
9.	製造関係の事務職員給料　当期要支払額	172万円
		970万円

*3	間接経費	
1.	棚卸減耗費03)	10万円
3.	工場固定資産税	20万円
11.	工具用住宅、託児所など福利施設負担額	45万円
12.	工場の運動会費	5万円
15.	工場電力料・ガス代・水道料	140万円
16.	工場減価償却費	500万円
		720万円

*4	原価差異	
8.	製造間接費予算差異（貸方差異）	6万円
13.	製造間接費操業度差異（借方差異）	△26万円
		△20万円

01)
素材は、解答用紙に購入代価と明記されていることから、引取費用を分けて記入することに注意します。

02)
外注加工賃は直接経費として処理します。

03)
棚卸減耗費は間接材料費ではなく、間接経費であることに注意します。

テキスト p.3-2 〜 29
参照

Section

6

製造間接費予算

問題 **20** 変動予算と固定予算

解 答

① 予算差異 （−） *3,000* 円

操業度差異 （−） *24,500* 円

総 差 異 [01] （−） *27,500* 円

② 予算差異 （＋） *25,000* 円

操業度差異 （−） *52,500* 円

総 差 異 [01] （−） *27,500* 円

01)
①、②のどちらの方法によっても総差異の金額は同じになります。
差異の内訳のみが変わることに注意してください。

解 説

1．公式法変動予算における差異分析[02]

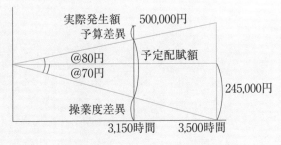

02)
差異分析はそれぞれ解説のような図を書くと求めやすくなります。

固定費率 $\dfrac{245,000\,円}{3,500\,時間}$ ＝＠70円

予定配賦額 （＠80円＋＠70円）×3,150時間＝472,500円

総 差 異 $\underset{予定配賦額}{472,500\,円}-\underset{実際発生額}{500,000\,円}=\triangle 27,500\,円（不利差異）$

予算差異[03] $\underset{予\ 算\ 許\ 容\ 額}{@80\,円\times3,150\,時間+245,000\,円}-500,000\,円\underset{（不利差異）}{=\triangle3,000\,円}$

操業度差異[04] ＠70円×（3,150時間−3,500時間）＝△24,500円
（不利差異）

03)
予算差異＝
予算許容額−実際発生額
04)
操業度差異＝
固定費率×（実際操業度−基準操業度）

2. 固定予算における差異分析

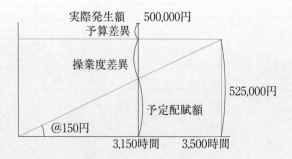

予定配賦率　$\dfrac{525,000円}{3,500時間} = @\,150円$

予定配賦額　$@\,150円 \times 3,150時間 = 472,500円$

総　差　異[05]　$472,500円 - 500,000円 = \triangle 27,500円（不利差異）$

予　算　差　異[05]　$525,000円 - 500,000円 = +25,000円（有利差異）$

予　算　額

操業度差異[06]　$\underset{\text{予定配賦率}}{@\,150円} \times (3,150時間 - 3,500時間) = \triangle 52,500円$

（不利差異）

05)
総差異と予算差異については公式法変動予算と計算式は同じです。
06)
操業度差異＝
予定配賦率×（実際操業度－基準操業度）

テキスト p.3-31
参照

問題 **21** 変動予算と差異の会計処理

解 答

問1．予定配賦額 ┃ 6,840,000 ┃ 円

問2．製造間接費配賦差異：

総 差 異 ┃ 160,000 ┃ 円〔**借方**〕差異

予 算 差 異 ┃ 50,000 ┃ 円〔**借方**〕差異

操 業 度 差 異 ┃ 110,000 ┃ 円〔**借方**〕差異

問3．
（単位：円）

借方科目	金 額	貸方科目	金 額
売 上 原 価	160,000	製造間接費配賦差異	160,000

解 説

問1．予定配賦額の計算 @570円×12,000時間＝6,840,000円

問2．
　製造間接費の配賦差異分析を行う問題です。特に予算差異の分析の前提になる製造間接費予算許容額の計算がポイントとなりますので、確認してください。
1．計算過程
　製造間接費配賦差異(総差異)：6,840,000円－7,000,000円＝△160,000円(借方)
　予 算 差 異：6,950,000円－7,000,000円＝△50,000円(借方)
　操業度差異：6,840,000円－6,950,000円＝△110,000円(借方)
　　または　@220円×(12,000時間－12,500時間)＝△110,000円(借方)

2．シュラッター＝シュラッターの図

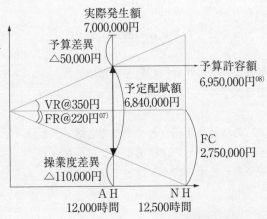

07)
$\dfrac{2,750,000 円}{12,500 時間}$
＝@220円

08)
@350円×12,000時間
＋2,750,000円
＝6,950,000円

VR：変動費率
FR：固定費率
FC：固定費予算額（月間）
AH：実際操業度
NH：基準操業度（月間）

問3. 製造間接費配賦差異の処理

　差異は原則、売上原価へ賦課します。本問では160,000円の不利差異が生じています。これは、原価が多くかかりすぎたことにより、その分利益が減ったことを表すため、その分、売上原価に加算します。したがって、仕訳では借方に「売上原価」となります。

テキスト p.3-31
参照

コラム　強者は守れ！　弱者は攻めろ！

「自分は弱者なのか強者なのか」

　この問いかけを試験前に行っておかなければならない。

　それによって試験に対する戦術が違ってくるのだから。

　自分が合格に十分の実力のある強者なら、慎重に慎重に、精密機械のごとく慎重に、さらに少し鈍重なくらいのペースにして、1点1点を確実に積み重ねていくことが必要になる。

　決して冒険などしてはいけない。どちらか迷ったときも失点の少ない方を選択しなければならない。

　これが強者の戦術。

　これに対して弱者はどうすべきか。

　自分が弱者なら、一発逆転を狙わなければいけない。大胆に派手に、問題を攻めて攻めて仮説をたて、大きな点を取りにいく。

　決して安全策を取ってはいけない。どちらか迷ったときにも勝負に出る。

　これが弱者の戦略。

　強者が弱者の戦略を取ってしまって落ちるのを、私は「自滅」と呼んでいる。

　そしてけっこうな人数が毎回の試験で自滅する。

　そこに弱者が付け入る隙ができる。

　弱者が、正しく弱者の戦略を取り、少しの幸運が手伝うと、そこで合格できる。

　弱者だからといって合格できないほど、試験というのは律儀なやつじゃない。

　でも、もちろん皆さんには強者の戦術が取れるようにがんばってほしいが。

Section 7 営業費会計

問題 22 営業費の分類

解答

① 獲得　　② 履行　　③ ㋭　　④ ㋣　　⑤ ㋩　　⑥ ㋬

⑦ ㋥　　⑧ ㋑　　⑨ ㋺

※ ③～⑤、および⑥～⑨はそれぞれ順不同。

解説

　営業費会計の基本となる分類を出題しました。注文獲得費、注文履行費それぞれの性質、具体例をおさえましょう。

テキスト p.3-39
参照

問題 23 営業費の処理

解答

(単位：円)01)

	借方科目	金　額	貸方科目	金　額
(1)	減 価 償 却 費	150,000	減価償却累計額	150,000
(2)	販売費及び一般管理費	150,000	減 価 償 却 費	150,000
(3)	月 次 損 益	150,000	販売費及び一般管理費	150,000

01)
営業費計上の処理は
商業簿記における費
用計上と同様です。

解説

　営業費の統制勘定としては販売費及び一般管理費勘定を用います。なお、統制勘定への振替えは行わずに、直接、月次損益勘定に振り替える場合もあります。

テキスト p.3-39
参照

問題
24
工業簿記の流れ

解 答

(1)	(借)	〔材　　　　料〕	2,400	(貸)	買　掛　金	2,400	
(2)	(借)	〔仕　掛　品〕	(1,000)	(貸)	材　　　料	1,800	
		〔製 造 間 接 費〕	(800)				
(3)	(借)	〔賃　　　　金〕	5,000	(貸)	現　　　金	(4,400)	
					〔預　り　金〕	(600)	
(4)	(借)	仕　掛　品	3,600	(貸)	賃　　　金	5,000	
		〔製 造 間 接 費〕	(1,400)				
(5)	(借)	〔経　　　　費〕	1,600	(貸)	〔当 座 預 金〕	1,600	
(6)	(借)	〔仕　掛　品〕	1,000	(貸)	経　　　費	1,600	
		〔製 造 間 接 費〕	600				
(7)	(借)	〔仕　掛　品〕	2,800	(貸)	〔製 造 間 接 費〕	2,800	
(8)	(借)	〔製　　　　品〕	6,000	(貸)	〔仕　掛　品〕	6,000	
(9)	(借)	売　掛　金	(11,000)	(貸)	売　　　上	(11,000)	
	(借)	〔売 上 原 価〕	6,000	(貸)	〔製　　　品〕	6,000	
(10)	(借)	〔販売費及び一般管理費〕	(4,200)	(貸)	当 座 預 金	(4,200)	
(11)	(借)	売　　　上	11,000	(貸)	〔月 次 損 益〕	11,000	
	(借)	〔月 次 損 益〕	10,200	(貸)	〔売 上 原 価〕	6,000	
					販売費及び一般管理費	4,200	

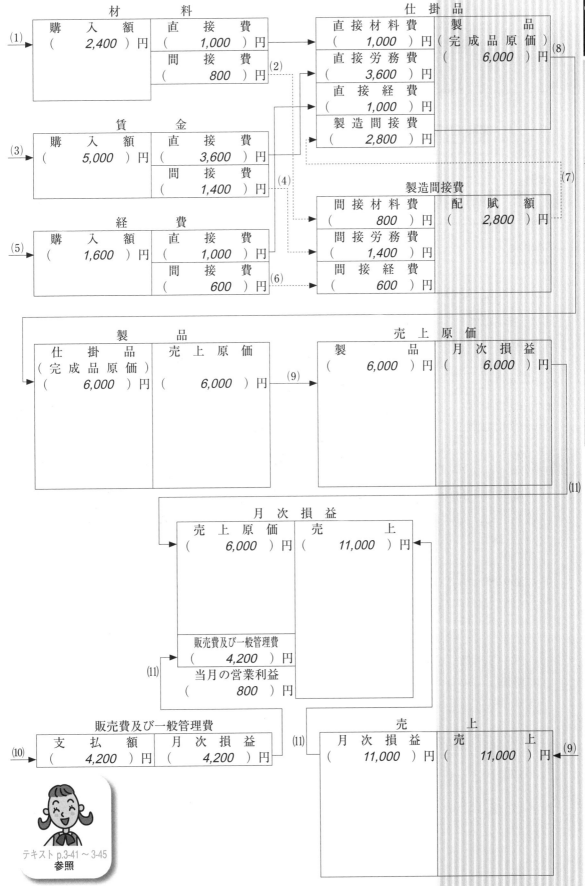

材 料	
購 入 額	直 接 費
(1) (2,400) 円	(1,000) 円
	間 接 費
	(800) 円 (2)

仕 掛 品	
直 接 材 料 費	製 品
(1,000) 円	(完 成 品 原 価)
直 接 労 務 費	(6,000) 円 (8)
(3,600) 円	
直 接 経 費	
(1,000) 円	
製 造 間 接 費	
(2,800) 円	

賃 金	
購 入 額	直 接 費
(3) (5,000) 円	(3,600) 円
	間 接 費
	(1,400) 円 (4)

製 造 間 接 費	
間 接 材 料 費	配 賦 額
(800) 円	(2,800) 円
間 接 労 務 費	
(1,400) 円	
間 接 経 費	
(600) 円	

(7)

経 費	
購 入 額	直 接 費
(5) (1,600) 円	(1,000) 円
	間 接 費
	(600) 円 (6)

製 品	
仕 掛 品	売 上 原 価
(完 成 品 原 価)	(6,000) 円
(6,000) 円	

売 上 原 価	
製 品	月 次 損 益
(6,000) 円	(6,000) 円

(9)

(11)

月 次 損 益	
売 上 原 価	売 上
(6,000) 円	(11,000) 円
販売費及び一般管理費	
(4,200) 円	
当月の営業利益	
(800) 円	

(11)

販売費及び一般管理費	
支 払 額	月 次 損 益
(10) (4,200) 円	(4,200) 円

売 上	
月 次 損 益	売 上
(11,000) 円	(11,000) 円

(11)

(9)

テキスト p.3-41 ～ 3-45
参照

Chapter 4
総合原価計算の基礎

総合原価計算の計算方法

問題
1

月初仕掛品がない場合

解 答

総合原価計算表　　　　　（単位：円）

摘　　要	材 料 費	加 工 費	合　　計
月初仕掛品原価	0	0	0
当月製造費用	504,600	425,600	930,200
合　　計	504,600	425,600	930,200
月末仕掛品原価	69,600	25,600	95,200
完成品総合原価	435,000	400,000	835,000
完成品単位原価	@ 87	@ 80	@ 167

解 説

1．完成品総合原価および月末仕掛品原価の計算

仕 掛 品

	当 月 投 入	完 成	
504,600円	5,800 個	5,000 個	435,000円 *1
（ 425,600円 ）	（ 5,320 個 ）[01]	（ 5,000 個 ）	（ 400,000円 ）*3
	月 末		
	800 個		69,600円 *2
	（ 320 個 ）[02]		（ 25,600円 ）*4

[01]
当月の加工活動は、完成品の数量に換算すると 5,000 個 ＋ 320 個 ＝ 5,320 個分行われたことになります。

[02]
（ ） は換算量による計算数値を示します。
320 個＝800 個×0.4

[03]
504,600 円－69,600円 ＝ 435,000 円でもよいでしょう。

(1)材料費

工程の始点で投入されるので、数量ベースで計算します。

$$504,600 \text{ 円} \times \frac{5,000 \text{ 個}}{5,000 \text{ 個} + 800 \text{ 個}} = 435,000 \text{ 円} \cdots\cdots 完成品 ^{03)} *1$$

$$504,600 \text{ 円} \times \frac{800 \text{ 個}}{5,000 \text{ 個} + 800 \text{ 個}} = 69,600 \text{ 円} \cdots\cdots 月末仕掛品 *2$$

⑵加工費

換算量ベースで計算します。

$$425,600 \text{ 円} \times \frac{5,000 \text{ 個}}{5,000 \text{ 個} + 320 \text{ 個}} = 400,000 \text{ 円} \cdots \text{完成品}^{04)} *3$$

$$425,600 \text{ 円} \times \frac{320 \text{ 個}}{5,000 \text{ 個} + 320 \text{ 個}} = 25,600 \text{ 円} \cdots \text{月末仕掛品} *4$$

> 04)
> 425,600 円－25,600 円＝400,000 円でもよいでしょう。

⑶合計

435,000 円 ＋ 400,000 円 ＝ 835,000 円……完 成 品

69,600 円 ＋ 25,600 円 ＝ 95,200 円……月末仕掛品

２．完成品単位原価の計算

⑴材料費

$$\frac{435,000 \text{ 円}}{5,000 \text{ 個}} = @ 87 \text{ 円}$$

⑵加工費

$$\frac{400,000 \text{ 円}}{5,000 \text{ 個}} = @ 80 \text{ 円}$$

⑶合計

@ 87 円 ＋ @ 80 円 ＝ @ 167 円 05)

> 05)
> $\frac{835,000 \text{ 円}}{5,000 \text{ 個}}$ ＝@167 円 でもよいでしょう。

テキスト p.4-4
参照

テキスト p.4-4 参照

Section
2

単純総合原価計算～１種類の製品の生産～

問題
2
先入先出法・平均法

解答

(A)平均法

月末仕掛品原価	87,200 円
完成品総合原価	3,045,000 円
完成品単位原価 ＠	350 円

(B)先入先出法

月末仕掛品原価	87,640 円
完成品総合原価	3,044,560 円
完成品単位原価 ＠	349.95 円

解 説

1．平均法
(1)生産データの整理[01]

仕　掛　品 [02]

	月初	完成	
102,500円	600 個	8,700 個	1,609,500円 *1
(25,400円)	(180 個)[03]	(8,700 個)	(1,435,500円) *3
	当 月 投 入		
1,581,000円	8,500 個	月末	
(1,423,300円)	(8,600個)	400 個	74,000円 *2
		(80 個)[03]	(13,200円) *4

@185円

(@165円)

(2)材料費の計算

工程の始点で投入されるので、数量ベースで計算します。

$$\frac{102,500 \text{円} + 1,581,000 \text{円}}{8,700 \text{個} + 400 \text{個}} \times 8,700 \text{個} = 1,609,500 \text{円}^{04)} \cdots\cdots 完成品 *1$$

$$\frac{102,500 \text{円} + 1,581,000 \text{円}}{8,700 \text{個} + 400 \text{個}} \times 400 \text{個} = 74,000 \text{円} \cdots\cdots 月末仕掛品 *2$$

(3)加工費の計算

換算量ベースで計算します。

$$\frac{25,400 \text{円} + 1,423,300 \text{円}}{8,700 \text{個} + 80 \text{個}} \times 8,700 \text{個} = 1,435,500 \text{円}^{05)} \cdots\cdots 完成品 *3$$

$$\frac{25,400 \text{円} + 1,423,300 \text{円}}{8,700 \text{個} + 80 \text{個}} \times 80 \text{個} = 13,200 \text{円} \cdots\cdots 月末仕掛品 *4$$

(4)月末仕掛品原価、完成品総合原価および完成品単位原価の計算

74,000 円 + 13,200 円 = 87,200 円……月末仕掛品原価

1,609,500 円 + 1,435,500 円 = 3,045,000 円……完成品総合原価

$$\frac{3,045,000 \text{円}}{8,700 \text{個}} = @ 350 \text{円}……完成品単位原価$$

01)
このようなボックス図を下書きとして書くとよいでしょう。

02)
（ ）は換算量による計算数値を示します。

03)
600 個× 0.3 = 180 個
400 個× 0.2 = 80 個

04)
別の計算方法
（＋） 　　102,500 円
（＋） 　1,581,000 円
（－） 　　　74,000 円
　　　　1,609,500 円

05)
別の計算方法
（＋） 　　　25,400 円
（＋） 　1,423,300 円
（－） 　　　13,200 円
　　　　1,435,500 円

30

２．先入先出法
⑴生産データの整理

仕　掛　品 06)

月　初	完　成	
102,500円　600 個 →	8,700 個	1,609,100円 *2
（　25,400円）（180 個）07)	（8,700 個）	（1,435,460円）*4
当 月 投 入 →		
1,581,000円　8,500 個	月　末	
@186円		
（1,423,300円）（8,600個） →	400 個	74,400円 *1
（@165.5円）	（80 個）07)	（13,240円）*3

06) （　）は換算量による計算数値を示します。

07) 600 個× 0.3 = 180 個 400 個× 0.2 = 80 個

　当月の加工活動は完成品の数量に換算すると、8,600個分行われたことになります。

⑵材料費の計算
　工程の始点で投入されるので、数量ベースで計算します。

$$\frac{1{,}581{,}000 \text{ 円}}{8{,}500 \text{ 個}} \times 400 \text{ 個} = 74{,}400 \text{ 円}\cdots\cdots\text{月末仕掛品 08)} *1$$

$$102{,}500 \text{ 円} + 1{,}581{,}000 \text{ 円} - 74{,}400 \text{ 円} = 1{,}609{,}100 \text{ 円}\cdots\text{完成品} *2$$

08) まず月末仕掛品原価を計算し、差額で完成品原価を求めます。

⑶加工費の計算
　換算量ベースで計算します。

$$\frac{1{,}423{,}300 \text{ 円}}{8{,}600 \text{ 個}} \times 80 \text{ 個} = 13{,}240 \text{ 円}\cdots\cdots\text{月末仕掛品} *3$$

$$25{,}400 \text{ 円} + 1{,}423{,}300 \text{ 円} - 13{,}240 \text{ 円} = 1{,}435{,}460 \text{ 円}\cdots\cdots\text{完成品} *4$$

⑷月末仕掛品原価、完成品総合原価および完成品単位原価の計算

74,400 円 + 13,240 円 = 87,640 円……月末仕掛品原価

1,609,100 円 + 1,435,460 円 = 3,044,560 円……完成品総合原価

$$\frac{3{,}044{,}560 \text{ 円}}{8{,}700 \text{ 個}} = 349.949\cdots = @ 349.95 \text{ 円}\cdots\cdots\text{完成品単位原価 09)}$$

09) 小数点以下第３位を四捨五入します。

テキスト p.4-11 ～ 4-17
参照

問題 **3** 平均法

解答

総合原価計算表 （単位：円）

摘　　要	原 料 費	加 工 費	合　　計
月初仕掛品原価	74,400	19,200	93,600
当月製造費用	1,485,600	757,800	2,243,400
合　　計	1,560,000	777,000	2,337,000
差引：月末仕掛品原価	156,000	21,000	177,000
完成品総合原価	1,404,000	756,000	2,160,000
完成品単位原価	@195	@105	@300

仕 掛 品 （単位：円）

前 月 繰 越	（ 93,600）	製　　　　品	（ 2,160,000）
材　　　　料	（ 1,485,600）	次 月 繰 越	（ 177,000）
諸　　　　口	（ 757,800）		
	（ 2,337,000）		（ 2,337,000）

解説

(1)生産データの整理（平均法による）

仕 掛 品 10)

	月初	完成	
74,400円	400 kg	7,200 kg	1,404,000円 *1
（ 19,200円）	（200 kg）11)	（7,200 kg）	（ 756,000円）*3
	当月投入	月末	
1,485,600円	7,600 kg	800 kg	156,000円 *2
（ 757,800円）	（7,200 kg）	（200 kg）11)	（ 21,000円）*4

@195円

（@105円）

(2)材料費の計算

工程の始点で投入されるので、数量ベースで計算します。

$$\frac{74,400 円 + 1,485,600 円}{7,200kg + 800kg} \times 7,200kg = 1,404,000 円……完成品*1$$

$$〃 \times 800kg = 156,000 円……月末仕掛品*2$$

$$\frac{1,404,000 円}{7,200kg} = @195 円……完成品単位原価$$

10)
（ ）が換算量による計算数値を示しています。

11)
400kg × 50% = 200kg
800kg × 25% = 200kg

(3)加工費の計算

換算量ベースで計算します。

$$\frac{19,200\text{円}+757,800\text{円}}{7,200\text{kg}+200\text{kg}}\times7,200\text{kg}=756,000\text{円}\cdots\cdots\text{完成品}*3$$

$$\qquad\qquad〃\qquad\qquad\times\quad200\text{kg}=21,000\text{円}\cdots\cdots\text{月末仕掛品}*4$$

$$\frac{756,000\text{円}}{7,200\text{kg}}=@\,105\text{円}\cdots\cdots\text{完成品単位原価}$$

テキスト p.4-11〜4-15
参照

コラム　**試験は甲子園でもなければオリンピックでもない**

　甲子園の高校野球を見ていると意外な学校が１回戦、２回戦と勝ち上がっていくにつれて実力をつけて強くなり、最後には優勝してしまう。つまり実力以上のものが出て勝ってしまう、などということが起こるといわれています。しかし試験ではそんなことは起こりえません。

　「知らないところが試験会場で急にわかるようになる」なんてことに期待するのは愚かです。また、70点以上をとれば誰でもが合格できる試験なのですから、オリンピックのように参加者の中に、一人の天才がいるとあとの人は、どんな努力をしても勝ちようがない、といったものでもありません。

　したがって、実力以上のものを望むことは逆にミスにつながるし、またそうでないと勝てないオリンピックではない、と思うのです。

　実力以上は望まず、実力がそのまま出せるようにと、それだけを望む。

　こんな姿勢が一番合格に近い心の姿勢だと思います。これでいきましょう。

解 答

材　　　　料

*1	前 月 繰 越	(272,000)	仕 掛 品	(2,053,200)	*3
*2 + *5	〔買 掛 金〕	(2,413,600)	〔製 造 間 接 費〕	(340,000)	*6
			次 月 繰 越	(292,400)	*4 + *7
		(2,685,600)		(2,685,600)	

賃　金　給　料

*8 + *13	諸　　　　口	(1,860,000)	前 月 未 払 額	(185,000)	*10 + *15
*9 + *14	当 月 未 払 額	(195,000)	〔仕 掛 品〕	(1,300,500)	*11
			製 造 間 接 費	(569,500)	*12 + *16
		(2,055,000)		(2,055,000)	

経　　　　費

*17	水 道 光 熱 費	(245,000)	〔製 造 間 接 費〕	(363,000)	*20
*18	保 険 料	(50,000)			
*19	減 価 償 却 費	(68,000)			
		(363,000)		(363,000)	

製　造　間　接　費

*6	材　　　　料	(340,000)	〔仕 掛 品〕	(1,272,500)	*21
*12 + *16	〔賃 金 給 料〕	(569,500)			
*20	経　　　　費	(363,000)			
		(1,272,500)		(1,272,500)	

仕　　掛　　品

*22 + *23	前 月 繰 越	(656,130)	製　　　　品	(3,933,930)	*24
*3	〔材　　　料〕	(2,053,200)	〔次 月 繰 越〕	(1,348,400)	*25
*11	賃 金 給 料	(1,300,500)			
*21	製 造 間 接 費	(1,272,500)			
		(5,282,330)		(5,282,330)	

製　　　　品

*24	〔仕 掛 品〕	(3,933,930)	売 上 原 価	(2,723,490)	*26
			次 月 繰 越	(1,210,440)	*27
		(3,933,930)		(3,933,930)	

売　上　原　価

*26	〔製　　　品〕	(2,723,490)	

売　　　　上

		〔売 掛 金〕	(3,780,000)	*28

解 説

　本問は、費目別計算から売上原価の計算までの一連の流れが勘定記入という形で問われています。本問をとおして、費目別で学習した計算もあわせて再確認をしてください。

1．材料勘定

素　材　〈月次総平均法〉

月初		消費	
272,000円[*1]	400 kg	2,900 kg	
当月購入			
1,993,600円[*2]	2,800 kg	月末	
		300 kg	

$2,053,200円[*3] = 272,000円 + 1,993,600円 - 212,400円$（→仕掛品勘定へ）

$$212,400円[*4] = \frac{272,000円 + 1,993,600円}{400\,kg + 2,800\,kg} \times 300\,kg$$

補助材料

420,000円[*5]	当月購入	消費	
		月末	

$340,000円[*6]$（→製造間接費勘定へ）

$80,000円[*7] = 420,000円 - 340,000円$

2．賃金給料勘定

直接工賃金

1,500,000円[*8]	当月支払	前月未払	120,000円[*10]
		当月消費	
		直接作業	1,300,500円[*11]
		850 時間	
150,000円[*9]	当月未払	間接・手待	229,500円[*12]
		150 時間	

$1,300,500円[*11] = @1,530円 \times 850\,時間$（→仕掛品勘定へ）

$229,500円[*12] = @1,530円 \times 150\,時間$（→製造間接費勘定へ）

※当月の消費賃率
$$\frac{1,500,000円 - 120,000円 + 150,000円}{1,000\,時間} = @1,530円$$

※間接・手待時間：$1,000\,時間 - 850\,時間 = 150\,時間$

間接工賃金・事務員給料

360,000円[*13]	当月支払	前月未払	65,000円[*15]
		当月消費	340,000円[*16]
45,000円[*14]	当月未払		

$340,000円[*16] = 360,000円 - 65,000円 + 45,000円$（→製造間接費勘定へ）

3．経費勘定

水道光熱費：　245,000円[*17]　$= 235,000円 - 50,000円（前月未払） + 60,000円（当月未払）$
保 険 料：　　50,000円[*18]　$= 600,000円（年額） \div 12\,カ月$
減価償却費：　 68,000円[*19]　$= 816,000円（年額） \div 12\,カ月$
　　　　　　　363,000円[*20]（→製造間接費勘定へ）

4．製造間接費勘定

$$\underset{\text{材料費}}{340,000\,円}{}^{*6} + \underset{\text{労務費}}{229,500\,円}{}^{*12} + \underset{}{340,000\,円}{}^{*16} + \underset{\text{経費}}{363,000\,円}{}^{*20} = 1,272,500\,円{}^{*21}\ (\rightarrow\text{仕掛品勘定へ})$$

5．仕掛品勘定

※（　）内は加工費および完成品換算量を表します。

仕　掛　品				〈先入先出法〉
408,300円 *22 (247,830円)*23	月初 300個 (150個)	完成 1,300個 (1,300個)		1,777,100円　= 408,300円 + 2,053,200円 − 684,400円 (2,156,830円) = (247,830円) + (1,300,500円) + (1,272,500円) − (664,000円) 3,933,930円 *24　完成品単位原価：@3,026.1円 = 3,933,930円 ÷ 1,300個
2,053,200円 *3 (1,300,500円)*11 (1,272,500円)*21	当月投入 1,500個 (1,550個)	月末 500個 (400個)		$684,400\,円 = \dfrac{2,053,200\,円}{1,500\,個} \times 500\,個$ $(664,000\,円) = \dfrac{(1,300,500\,円) + (1,272,500\,円)}{1,550\,個} \times 400\,個$
				1,348,400円 *25

※加工費は直接労務費と製造間接費を合計します。直接労務費を漏らしやすいので注意しましょう。

6．製品勘定

売上原価：2,723,490円 *26 = @3,026.1円 × 900個
月末製品：1,210,440円 *27 = @3,026.1円 × 400個

7．売上勘定

3,780,000円 *28 = @4,200円 × 900個

テキスト p.2-2 ～ 2-4、p.4-7
参照

仕損・減損の処理

問題
5

正常減損度外視法①

解　答

月末仕掛品原価	*92,880*円
完成品総合原価	*312,000*円
完成品単位原価	@　*390*円

解　説

1．生産データの把握（平均法）

「月末仕掛品0.4≧減損0.2」であることから、度外視法・両者負担で計算します。

仕　掛　品　01)

	月初	完成	
52,000円	200 kg 02)	800 kg	204,800円 *2
（14,000円）	（100 kg）	（800 kg）	（107,200円） *4
	当月投入 1,000 kg △100 kg	正常減損 100 kg 02) （20 kg）	
229,600円	900 kg （840 kg） （△20 kg）	月末	
（109,280円）	（820 kg）	300 kg 02) （120 kg）	76,800円 *1 （16,080円） *3

@256円
（@134円）

01) （　）は完成品換算量による数値を示します。

02)
200kg × 0.5 = 100kg
100kg × 0.2 = 20kg
300kg × 0.4 = 120kg

2．材料費の計算

$$\frac{52,000円 + 229,600円}{800kg + 300kg} \times 300kg = 76,800円……月末仕掛品*1$$

$$〃 \times 800kg = 204,800円……完成品*2$$

3．加工費の計算

$$\frac{14,000円 + 109,280円}{800kg + 120kg} \times 120kg = 16,080円……月末仕掛品*3$$

$$〃 \times 800kg = 107,200円……完成品*4$$

単価に正常減損分が含まれている点は材料費と同様です。

4．月末仕掛品原価、完成品総合原価および完成品単位原価の計算

76,800円 + 16,080円 = 92,880円……月末仕掛品原価
204,800円 + 107,200円 = 312,000円……完成品総合原価
312,000円 ÷ 800kg ＝@390円……完成品単位原価

5．度外視法・両者負担の考え方

　月初仕掛品原価と当月製造費用の合計 404,880円は、完成品・月末仕掛品・正常減損のためにかかった材料費と加工費です。度外視法・両者負担の計算とは、このうち正常減損分にかかった材料費と加工費を、完成品と月末仕掛品に自動的に負担させる方法です。
　そのためには、404,880円が完成品と月末仕掛品のためだけにか

かったという形で計算をする必要があります。そこで、材料費や加
工費の計算をするときに正常減損の数量（または換算量）を無視して、
完成品数量と月末仕掛品数量（または換算量）で割ります。

実際には…　　　　　　　　　　　　　　　　計算上は…

テキスト p.4-23 〜 4-24
参照

問題 **6**　　**正常減損度外視法②**

解 答

月末仕掛品原価		*120,540*円
完成品総合原価		*588,000*円
完成品単位原価	@	*588*円

解 説

1．生産データの把握
「月末仕掛品0.4＜減損1」であることから、完成品のみ負担とな
ります。

仕　掛　品 [03]　　　　　　　　　　[04]

	月　初	完　成	
105,000円	300 kg [05]	1,000 kg	411,600円　＊2
（　27,000円）	（180 kg）	（1,000 kg）	（176,400円）　＊4
	当 月 投 入	正常減損	
409,500円	1,200 kg	200 kg	
（167,040円）	（1,140 kg）	（200 kg）[05]	
	月　末		
	300 kg [05]		102,900円　＊1
	（120 kg）		（　17,640円）　＊3

@ 343円
（@ 147円）

[03]
減損分を考慮に入れ
たボックス図を書き
ます。

[04]
（　）内は完成品換
算量による数値を示
します。

[05]
300kg × 0.6 = 180kg
200kg × 1 = 200kg
300kg × 0.4 = 120kg

2．材料費の計算

$$\frac{105{,}000\,円 + 409{,}500\,円}{300\mathrm{kg} + 1{,}200\mathrm{kg}} \times 300\mathrm{kg} = 102{,}900\,円\cdots\cdots月末仕掛品*1$$

$$105{,}000\,円 + 409{,}500\,円 - 102{,}900\,円 = 411{,}600\,円\cdots\cdots完成品*2$$

3．加工費の計算

$$\frac{27{,}000\,円 + 167{,}040\,円}{180\mathrm{kg} + 1{,}140\mathrm{kg}} \times 120\mathrm{kg} = 17{,}640\,円\cdots\cdots月末仕掛品*3$$

$$27{,}000\,円 + 167{,}040\,円 - 17{,}640\,円 = 176{,}400\,円\cdots\cdots完成品*4$$

4．月末仕掛品原価、完成品総合原価および完成品単位原価の計算

$$102{,}900\,円 + 17{,}640\,円 = 120{,}540\,円\cdots\cdots月末仕掛品原価$$

$$411{,}600\,円 + 176{,}400\,円 = 588{,}000\,円\cdots\cdots完成品総合原価$$

$$588{,}000\,円 \div 1{,}000\mathrm{kg} = @\,588\,円\cdots\cdots完成品単位原価$$

5．度外視法・完成品のみ負担の考え方

　月初仕掛品原価と当月製造費用の合計 708,540円は、完成品・月末仕掛品・正常減損のためにかかった材料費と加工費です。度外視法・完成品のみ負担の計算とは、正常減損分にかかった材料費と加工費を、すべて完成品に自動的に負担させる方法です。

　そのためには、両者負担の場合と異なり、708,540円が完成品・月末仕掛品・正常減損のためにかかったという形で計算をする必要があります（この場合には月末仕掛品は正常減損費を負担しないからです）。そこで、材料費や加工費の計算をするときに正常減損の数量（または換算量）を加えて、完成品数量と月末仕掛品数量（または換算量）と正常減損数量（または換算量）で割ります。

実際には…

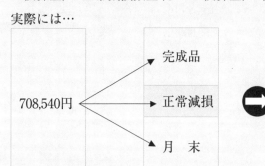

計算上も…

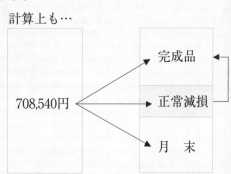

テキスト p.4-21 ～ 4-23
参照

問題 7　正常減損度外視法（発生点不明の場合）

解　答

総合原価計算表　（単位：円）

	原料費	加工費	合　計
月初仕掛品原価	40,000	25,000	65,000
当月製造費用	315,000	275,000	590,000
合　　　計	355,000	300,000	655,000
月末仕掛品原価	105,000	50,000	155,000
完成品総合原価	250,000	250,000	500,000

解　説

1．生産データの把握

　「正常減損は工程の途中で発生」とだけあることから、発生点が不明です。したがって、度外視法・両者負担で計算します。

仕 掛 品　　　　　06)

	月　初	完　成		
40,000円	100 kg	500 kg	250,000円	*2
(25,000円)	(50 kg) 06)	(500 kg)	(250,000円)	*4
	当 月 投 入	正常減損100 kg		
	700 kg			
	△100 kg	(？ kg)		
315,000円	600 kg	月　末		
	(？ kg)	200 kg	105,000円	*1
	(△？ kg)	06)		
(275,000円)	(550 kg) 07)	(100 kg)	(50,000円)	*3

06)
（　）は完成品換算量による数値を示します。
100kg × 1/2 ＝ 50kg
200kg × 1/2 ＝ 100kg

07)
500kg ＋ 100kg − 50kg
＝ 550kg

２．原料費の計算

$$\frac{315{,}000\,\text{円}}{600\,\text{kg}} \times 200\,\text{kg} = 105{,}000\,\text{円} \cdots\cdots\text{月末仕掛品}*1$$

$$40{,}000\,\text{円} + 315{,}000\,\text{円} - 105{,}000\,\text{円} = 250{,}000\,\text{円} \cdots\cdots\text{完成品}*2$$

３．加工費の計算

$$\frac{275{,}000\,\text{円}}{550\,\text{kg}} \times 100\,\text{kg} = 50{,}000\,\text{円} \cdots\cdots\text{月末仕掛品}*3$$

$$25{,}000\,\text{円} + 275{,}000\,\text{円} - 50{,}000\,\text{円} = 250{,}000\,\text{円} \cdots\cdots\text{完成品}*4$$

４．月末仕掛品原価および完成品総合原価の計算

$$105{,}000\,\text{円} + 50{,}000\,\text{円} = 155{,}000\,\text{円} \cdots\cdots\text{月末仕掛品原価}$$

$$250{,}000\,\text{円} + 250{,}000\,\text{円} = 500{,}000\,\text{円} \cdots\cdots\text{完成品総合原価}$$

テキスト p.4-25
参照

作業くず・副産物の処理

副産物の処理①

解答

副産物評価額	*13,500*円
月末仕掛品原価	*135,120*円
完成品総合原価	*552,000*円
完成品単位原価 @	*460*円

解説

1. 生産データの把握[01]

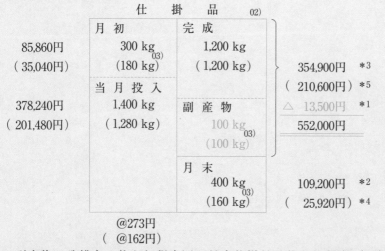

仕 掛 品 [02]			
85,860円 (35,040円)	月初 300 kg [03] (180 kg)	完成 1,200 kg (1,200 kg)	354,900円 *3 (210,600円) *5
378,240円 (201,480円)	当月投入 1,400 kg (1,280 kg)	副産物 100 kg [03] (100 kg)	△ 13,500円 *1 552,000円
		月末 400 kg [03] (160 kg)	109,200円 *2 (25,920円) *4
	@273円 (@162円)		

副産物の分離点の仕上り程度(1)が月末仕掛品の仕上り程度 (0.4)よりも大きいので、副産物評価額は完成品原価より控除します。

2. 副産物評価額の計算[04]

(@ 150 円 - @ 15 円) × 100 kg = 13,500 円 *1

01)
左のようなボックス図を書くと理解しやすくなります。

02)
( ) は完成品換算量による数値を示します。

03)
300kg × 0.6 = 180kg
400kg × 0.4 = 160kg
100kg × 1 = 100kg

04)
Chapter4 のとおるポイント（Section4 作業くず・副産物の処理）を参照してください。

３．材料費の計算

$$\frac{85,860\,円 + 378,240\,円}{300\text{kg} + 1,400\text{kg}} \times 400\text{kg} = 109,200\,円 \cdots\cdots 月末仕掛品 *2$$

85,860 円 + 378,240 円 − 109,200 円 = 354,900 円……完成品 *3

４．加工費の計算

$$\frac{35,040\,円 + 201,480\,円}{180\text{kg} + 1,280\text{kg}} \times 160\text{kg} = 25,920\,円 \cdots\cdots 月末仕掛品 *4$$

35,040 円 + 201,480 円 − 25,920 円 = 210,600 円……完成品 *5

５．月末仕掛品原価、完成品総合原価および完成品単位原価の計算

109,200 円 + 25,920 円 = 135,120 円……月末仕掛品原価

354,900 円 + 210,600 円 − 13,500 円 = 552,000 円……完成品総合原価
　　　　　　　　　　　　副産物評価額

552,000 円 ÷ 1,200kg = @ 460 円……完成品単位原価 05)

05)
552,000 円÷
（1,200kg + 100kg）
=@ 424.615……円
ではありません。

テキスト p.4-33 ～ 4-35
参照

問題9　副産物の処理②

解答

仕　掛　品

前　月　繰　越	(33,700)	製　　　　品	(516,000)
材　　　料	(217,600)	副　産　物	9,700
諸　　　口	(322,400)	次　月　繰　越	(48,000)
	(573,700)		(573,700)
前　月　繰　越	(48,000)		

1．生産データの把握

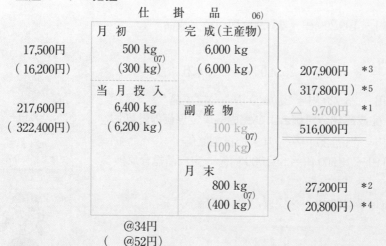

仕　掛　品　06)

	月　初	完　成（主産物）	
17,500円	500 kg	6,000 kg	
（16,200円）	（300 kg）07)	（6,000 kg）	207,900円　*3
			（317,800円）　*5
	当　月　投　入		△ 9,700円　*1
217,600円	6,400 kg	副　産　物	516,000円
（322,400円）	（6,200 kg）	100 kg07)	
		（100 kg）	
		月　末	
		800 kg07)	27,200円　*2
		（400 kg）	（20,800円）　*4

@34円
（　@52円）

副産物の分離点の仕上り程度(1)が月末仕掛品の仕上り程度（0.5）よりも大きいので、副産物評価額は完成品原価より控除します。

2．副産物評価額の計算

解答用紙の仕掛品勘定の副産物より 9,700 円 *1

3．材料費の計算

$$\frac{217,600 円}{6,400kg} \times 800kg = 27,200 円\cdots\cdots月末仕掛品 *2$$

17,500 円 + 217,600 円 − 27,200 円 = 207,900 円……完成品 *3

4．加工費の計算

$$\frac{322,400 円}{6,200kg} \times 400kg = 20,800 円\cdots\cdots月末仕掛品 *4$$

16,200 円 + 322,400 円 − 20,800 円 = 317,800 円……完成品 *5

5．月末仕掛品原価、完成品総合原価の計算

27,200 円 + 20,800 円 = 48,000 円……月末仕掛品原価

207,900 円 + 317,800 円 − 9,700 円 = 516,000 円……完成品総合原価
　　　　　　　　　　　　　　　副産物評価額

06)
（　）は完成品換算量による数値を示します。

07)
500kg × 0.6 = 300kg
800kg × 0.5 = 400kg
100kg × 1 = 100kg

テキスト p.4-33 〜 4-35
参照

問題 **10** 副産物の処理③

解答

総合原価計算表　　　（単位：kg、円）

摘要	材料費		加工費		合計
	数量	金額	換算量	金額	金額
当月投入	3,000	600,000	2,800	504,000	1,104,000
−）月末仕掛品	400	80,000	200	36,000	116,000
差引	2,600	520,000	2,600	468,000	988,000
−）副産物	200		200		28,000 (08)
完成品	2,400		2,400		960,000
単位原価					@ 400

08)
@ 140 円 × 200kg
＝ 28,000 円

解説

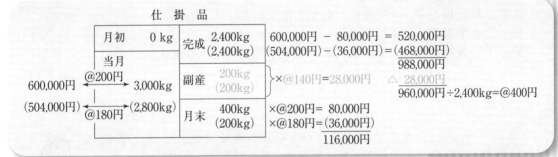

仕掛品

月初　　0 kg	完成 2,400kg (2,400kg)	600,000円 − 80,000円 = 520,000円
当月		(504,000円) − (36,000円) = (468,000円)
600,000円 ←@200円→ 3,000kg	副産 200kg (200kg)	988,000円
(504,000円) ←@180円→ (2,800kg)	月末 400kg (200kg)	×@140円＝28,000円　△ 28,000円
		960,000円÷2,400kg=@400円
		×@200円＝ 80,000円
		×@180円＝(36,000円)
		116,000円

テキスト p.4-33 〜 4-35
参照

Chapter 5
総合原価計算の応用

Section

1 工程別総合原価計算

問題

1 半製品の振替え

解 答

(単位:円)

	借 方 科 目	金 額	貸 方 科 目	金 額
1	第2工程仕掛品	480,000	第1工程仕掛品	600,000
	第1工程半製品	120,000		
2	第2工程仕掛品	90,000	第1工程半製品	90,000

解 説

1. 本問では、第1工程完了品1,000個のうち、800個を第2工程
に引き渡しているため、第2工程に振り替える仕訳を行います。
   第2工程仕掛品:@600円×800個 = 480,000円
   第1工程半製品:@600円×200個 = 120,000円
2. 第2工程仕掛品:@600円×150個 = 90,000円

テキスト p.5-5
参照

問題 2 原価計算表の作成・勘定記入

解答

工程別総合原価計算表　　　　　（単位：円）

摘要	第 1 工 程			第 2 工 程		
	材料費	加工費	合 計	前工程費	加工費	合 計
月初仕掛品	8,160	1,466	9,626	9,190	4,600	13,790
当月投入	27,440	13,416	40,856	45,530	56,820	102,350
合 計	35,600	14,882	50,482	54,720	61,420	116,140
月末仕掛品	3,920	1,032	4,952	11,520	5,920	17,440
完成品原価	31,680	13,850	45,530	43,200	55,500	98,700
完成品単価	――	――	――	@ 144	@ 185	@ 329

仕 掛 品 ― 第 1 工 程 [01]　　（単位：円）

前 月 繰 越	(9,626)	仕掛品―第2工程	(45,530)
材 料 費	(27,440)	次 月 繰 越	(4,952)
加 工 費	(13,416)		
	(50,482)		(50,482)
前 月 繰 越	(4,952)		

仕 掛 品 ― 第 2 工 程 [01]　　（単位：円）

前 月 繰 越	(13,790)	製 品	(98,700)
仕掛品―第1工程	(45,530)	次 月 繰 越	(17,440)
加 工 費	(56,820)		
	(116,140)		(116,140)
前 月 繰 越	(17,440)		

解説

1. 第1工程の計算（先入先出法）
(1)生産データの把握 [02]

仕 掛 品 ― 第 1 工 程 [03]

	月 初	完 成	
8,160円	80 kg	320 kg	31,680円 *2
(1,466円)	(32 kg) [04]	(320 kg)	(13,850円) *4
	当 月 投 入		
27,440円	280 kg		
	@98円 [05]	月 末	
(13,416円)	(312 kg)	40 kg	3,920円 *1
	(@43円)	(24 kg) [04]	(1,032円) *3

01)
これらは原価計算表の結果を記入して作成されます。

02)
左のようなボックス図を書くと理解しやすくなります。

03)
( ) は完成品換算量による数値を示します。

04)
80kg × 0.4 = 32kg
40kg × 0.6 = 24kg

05)
320kg+24kg−32kg = 312kg

当月の加工活動は、第1工程完成品の数量に換算すると312kg分行われたことになります。

(2)材料費の計算

$$\frac{27,440 \text{円}}{280 \text{kg}} \times 40\text{kg} = 3,920 \text{円}\cdots\cdots 月末仕掛品 *1$$

$$8,160 \text{円} + 27,440 \text{円} - 3,920 \text{円} = 31,680 \text{円}\cdots\cdots 完成品 *2$$

(3)加工費の計算

$$\frac{13,416 \text{円}}{312 \text{kg}} \times 24\text{kg} = 1,032 \text{円}\cdots\cdots 月末仕掛品 *3$$

$$1,466 \text{円} + 13,416 \text{円} - 1,032 \text{円} = 13,850 \text{円}\cdots\cdots 完成品 *4$$

(4)月末仕掛品原価および完成品総合原価の計算

$$3,920 \text{円} + 1,032 \text{円} = 4,952 \text{円}\cdots\cdots 月末仕掛品原価$$

$$31,680 \text{円} + 13,850 \text{円} = 45,530 \text{円}\cdots\cdots 完成品総合原価$$

この（第1工程）完成品総合原価が、第2工程における前工程費の当月投入分になります[06]。

2. 第2工程の計算（平均法）
(1)生産データの把握[07]

仕 掛 品 ― 第 2 工 程　　[08]

	月　初	完　成	
9,190円	60 kg	300 kg	43,200円　*2
（ 4,600円）	（ 24 kg）[09]	（300 kg）	（ 55,500円）　*4
	当 月 投 入		
45,530円	320 kg	月　末	
（ 56,820円）	（308 kg）[09]	80 kg	11,520円　*1
		（ 32 kg）[09]	（ 5,920円）　*3

@144円
（ @185円 ）

(2)前工程費の計算[10]

$$\frac{9,190 \text{円} + 45,530 \text{円}}{60 \text{kg} + 320 \text{kg}} \times 80\text{kg} = 11,520 \text{円}\cdots\cdots 月末仕掛品 *1$$

$$〃 \times 300\text{kg} = 43,200 \text{円}\cdots\cdots 完成品 [11] *2$$

(3)加工費の計算

$$\frac{4,600 \text{円} + 56,820 \text{円}}{24 \text{kg} + 308 \text{kg}} \times 32\text{kg} = 5,920 \text{円}\cdots\cdots 月末仕掛品 *3$$

$$〃 \times 300\text{kg} = 55,500 \text{円}\cdots\cdots 完成品 [12] *4$$

(4)月末仕掛品原価、完成品総合原価および完成品単位原価の計算

$$11,520 \text{円} + 5,920 \text{円} = 17,440 \text{円}\cdots\cdots 月末仕掛品原価$$

$$43,200 \text{円} + 55,500 \text{円} = 98,700 \text{円}\cdots\cdots 完成品総合原価$$

$$98,700 \text{円} \div 300\text{kg} = @329 \text{円}\cdots\cdots 完成品単位原価 [13]$$

06)
問題文資料②の？円は 45,530 円です。

07)
左のようなボックス図を書くと理解しやすくなります。

08)
（ ） は完成品換算量による数値を示します。

09)
60kg × 0.4 = 24kg
80kg × 0.4 = 32kg
300kg+32kg−24kg
= 308kg

10)
前工程費は数量ベースで計算を行います。

11)
43,200 円 ÷ 300kg
=@ 144 円

12)
55,500 円 ÷ 300kg
=@ 185 円

13)
@ 144 円＋@ 185 円
=@ 329 円でも求められます。

テキスト p.5-3
参照

問題 3 　工程別総合原価計算

解答

第 1 工 程 仕 掛 品

前 月 繰 越 （ 87,500)14)	（第2工程仕掛品） （ 1,265,000)	
（材 料） （ 738,000)	半 製 品 （ 138,000)	
賃 金 （ 467,400)	次 月 繰 越 （ 90,200)15)	
経 費 （ 200,300)		
（ 1,493,200)	（ 1,493,200)	
前 月 繰 越 （ 90,200)		

14)
60,000 円＋27,500 円
＝ 87,500 円
15)
66,000 円＋24,200 円
＝ 90,200 円

第 2 工 程 仕 掛 品

前 月 繰 越 （ 213,800)16)	製 品 （ 3,078,000)
（賃 金） （ 1,304,300)	（副 産 物） （ 24,000)
経 費 （ 558,900)	次 月 繰 越 （ 240,000)17)
第1工程仕掛品 （ 1,265,000)	
（ 3,342,000)	（ 3,342,000)
前 月 繰 越 （ 240,000)	

16)
113,200 円＋100,600 円
＝ 213,800 円
17)
138,000 円＋102,000 円
＝ 240,000 円

製 品

前 月 繰 越 （ 220,000)	（売 上 原 価） （ 2,956,000)
（第2工程仕掛品） （ 3,078,000)	次 月 繰 越 （ 342,000)
（ 3,298,000)	（ 3,298,000)
前 月 繰 越 （ 342,000)	

半 製 品

前 月 繰 越 （ 23,100)	半製品売上原価 （ 131,200)
（第1工程仕掛品） （ 138,000)	（次 月 繰 越） （ 29,900)
（ 161,100)	（ 161,100)
前 月 繰 越 （ 29,900)	

副　産　物

（前　月　繰　越）	（ 6,900）	（副産物売上原価）	（ 25,150）
第 2 工程仕掛品	（ 24,000）	次　月　繰　越	（ 5,750）
	（ 30,900）		（ 30,900）
前　月　繰　越	（ 5,750）		

売　上　原　価

製　　　品	（ 2,956,000）	（月　次　損　益）	（ 2,956,000）

半　製　品　売　上　原　価

（半　製　品）	（ 131,200）	月　次　損　益	（ 131,200）

副　産　物　売　上　原　価

副　産　物	（ 25,150）	（月　次　損　益）	（ 25,150）

工程別原価計算表

摘　　要	第 1 工程	第 2 工程	合　　計
当月製造費用			
直 接 材 料 費	（ 738,000）	（ － ）	（ 738,000）
加　工　費	（ 667,700）	（ 1,863,200）	（ 2,530,900）
前 工 程 費	（ － ）	（ 1,265,000）	（ 1,265,000）
計	（ 1,405,700）	（ 3,128,200）	（ 4,533,900）
月初仕掛品原価			
直 接 材 料 費	（ 60,000）	（ － ）	（ 60,000）
加　工　費	（ 27,500）	（ 100,600）	（ 128,100）
前 工 程 費	（ － ）	（ 113,200）	（ 113,200）
計	（ 1,493,200）	（ 3,342,000）	（ 4,835,200）
月末仕掛品原価			
直 接 材 料 費	（ 66,000）	（ － ）	（ 66,000）
加　工　費	（ 24,200）	（ 102,000）	（ 126,200）
前 工 程 費	（ － ）	（ 138,000）	（ 138,000）
副産物評価額	（ － ）	（ 24,000）	（ 24,000）
工程完成品原価	（ 1,403,000）	（ 3,078,000）	（ 4,481,000）
工程完成品数量	6,100 個	5,400 個	－
工程完成品単価	(@¥ 230)	(@¥ 570)	－
次工程振替額	（ 1,265,000）	－	－

解 説

　本問は、工程別総合原価計算の問題です。第1工程の計算をする前に、材料や賃金、経費についての計算をする必要があるので、勘定の流れを理解してから解いていきましょう。

1. 直接材料費・加工費の計算
(1)材料払出高の計算（平均法）

材 料		
月初棚卸高 　180 kg　@580円 104,400円	第1工程 　1,230 kg	
当月仕入高 1,200 kg　@603円 723,600円		
	月末棚卸高 　150 kg	
828,000円		

第1工程：$\dfrac{828,000\text{円}}{180\text{kg}+1,200\text{kg}}\times 1,230\text{kg}=738,000\text{円}$

(2)賃金消費高の計算

賃　金 [18]

当月支払高 　1,816,800円	月初未払高 　322,000円
	当月消費高 第1工程： 　467,400円 第2工程： 　　？　円
月末未払高 276,900円	

第2工程消費高：1,816,800円＋276,900円－322,000円
　　　　　　　－467,400円＝1,304,300円

(3)経費消費高の計算

経　費 [19]

月初前払高 　128,000円	当月消費高 第1工程： 　　？　円
当月支払高 　636,200円	第2工程： 　558,900円
減価償却費月額 　147,000円	
	月末前払高 　152,000円

第1工程消費高：128,000円＋636,200円＋147,000円
　　　　　　　－558,900円－152,000円＝200,300円

2．第1工程の計算（平均法）

第1工程完了品のうち、倉庫に保管されるものは半製品として処理します。

直接材料費

	月初仕掛品	第2工程
60,000 円	500 個	5,500 個
	当月投入	
	？ 個[20]	
738,000 円		半製品
		600 個
		月末仕掛品
		550 個
798,000 円		

第2工程引渡高：$\dfrac{798,000\,円}{5,500\,個+600\,個+550\,個}\times 5,500\,個=660,000\,円$

倉庫保管高：$\dfrac{798,000\,円}{5,500\,個+600\,個+550\,個}\times 600\,個=72,000\,円$

月末仕掛品直接材料費：$\dfrac{798,000\,円}{5,500\,個+600\,個+550\,個}\times 550\,個=66,000\,円$

> [20]
> 平均法の場合、ボックス図のどちらかの合計数量がわかればいいので、当月投入量を求める必要はありません。

加 工 費

	月初仕掛品	第2工程
27,500 円	250 個[*1]	5,500 個
	当月投入	
賃金：	？ 個	
467,400 円		半製品
＋		600 個
経費：		月末仕掛品
200,300 円		220 個[*2]
695,200 円		

第2工程引渡高：$\dfrac{695,200\,円}{5,500\,個+600\,個+220\,個}\times 5,500\,個=605,000\,円$

倉庫保管高：$\dfrac{695,200\,円}{5,500\,個+600\,個+220\,個}\times 600\,個=66,000\,円$

月末仕掛品加工費：$\dfrac{695,200\,円}{5,500\,個+600\,個+220\,個}\times 220\,個=24,200\,円$

＊1　500 個 × 50％ ＝ 250 個
＊2　550 個 × 40％ ＝ 220 個

第1工程完了品第2工程引渡高：660,000 円 ＋ 605,000 円 ＝ 1,265,000 円
第1工程完了品倉庫保管高：72,000 円 ＋ 66,000 円 ＝ 138,000 円
第1工程月末仕掛品原価：66,000 円 ＋ 24,200 円 ＝ 90,200 円

第1工程完成品単価：$\dfrac{1,265,000\,円+138,000\,円}{5,500\,個+600\,個}=@\,230\,円$

3. 第2工程の計算（先入先出法）

副産物は評価額が取引5に載っているので、その金額を割り当てます。

前工程費

月初仕掛品 700個	製品 5,400個
当月投入 5,500個	副産物 200個
	月末仕掛品 600個

113,200円 / 1,265,000円

完成品原価：113,200円＋1,265,000円－24,000円－138,000円＝1,216,200円

副産物：評価額24,000円

月末仕掛品前工程費：$\frac{1,265,000円}{5,500個}\times600個=138,000円$

加工費

100,600円 / 賃金：1,304,300円 ＋ 経費：558,900円

月初仕掛品 420個*3	製品 5,400個
当月投入 5,480個*4	副産物 200個
	月末仕掛品 300個*5

完成品原価：100,600円＋1,304,300円＋558,900円－102,000円＝1,861,800円

副産物：前工程費に評価額を計上済み[21]

月末仕掛品加工費：$\frac{1,304,300円+558,900円}{5,480個}\times300個=102,000円$

*3　700個×60%＝420個
*4　5,400個＋200個＋300個－420個＝5,480個
*5　600個×50%＝300個

[21] 二重計上しないように注意しましょう。

第2工程完成品原価：1,216,200円＋1,861,800円＝3,078,000円
第2工程副産物評価額：24,000円
第2工程月末仕掛品原価：138,000円＋102,000円＝240,000円

第2工程完成品単価：$\frac{3,078,000円}{5,400個}=@570円$

4. 売上原価の計算（先入先出法）

製品

月初棚卸高 400個 @550円	売上原価 5,200個
当月完成高 5,400個	
	月末棚卸高 600個

220,000円 / 3,078,000円

売上原価：220,000円＋3,078,000円－342,000円＝2,956,000円

製品月末棚卸高：$\frac{3,078,000円}{5,400個}\times600個=342,000円$

5．半製品売上原価の計算（先入先出法）

半　製　品

月初棚卸高 110個 @210円	売上原価 580個
当月完成高 600個	
	月末棚卸高 130個

23,100円

138,000円

半製品売上原価：23,100円＋138,000円－29,900円
　　　　　　　　　＝131,200円

半製品月末棚卸高：$\dfrac{138,000 \text{円}}{600 \text{個}} \times 130 \text{個} = 29,900 \text{円}$

6．副産物売上原価の計算

副　産　物

月初棚卸高 60個 @115円	売上原価 210個
当月発生高 200個	
	月末棚卸高 50個

6,900円

24,000円

25,150円（取引8より）

副産物月末棚卸高：6,900円＋24,000円－25,150円
　　　　　　　　　＝5,750円

テキスト p.5-3
参照

Section 2 組別総合原価計算

問題 4 組別総合原価計算①

解 答

(単位：円)

	借 方 科 目	金 額	貸 方 科 目	金 額
1	A 組 仕 掛 品	550,000	組 間 接 費	1,000,000
	B 組 仕 掛 品	450,000		
2	A 組 製 品	1,200,000	A 組 仕 掛 品	1,200,000
	B 組 製 品	700,000	B 組 仕 掛 品	700,000

解 説

1. A組仕掛品勘定への振替額：1,000,000円 × 55％ = 550,000円
   B組仕掛品勘定への振替額：1,000,000円 × 45％ = 450,000円

テキスト p.5-10
参照

問題 5 組別総合原価計算②

解答

組別総合原価計算表 （単位：円）

摘　　　要	製　品　A	製　品　B	合　　　計
月初仕掛品原価	241,500	108,000	349,500
当月製造費用			
直接材料費	2,127,000	768,000	2,895,000
直接労務費	1,308,000	377,000	1,685,000
組間接費	*1,830,000*	*610,000*	2,440,000
合　　　計	*5,506,500*	*1,863,000*	*7,369,500*
月末仕掛品原価	*373,500*	*147,300*	*520,800*
完成品総合原価	*5,133,000*	*1,715,700*	*6,848,700*
完成品単位原価	@　　885	@　　817	———

解説

1．組間接費の配賦[01]

組間接費を、当月の直接材料費と直接労務費の合計額を基準に配賦します。

製品Aの直接費合計

2,127,000 円 + 1,308,000 円 = 3,435,000 円
直接材料費　　　直接労務費

製品Bの直接費合計

768,000 円 + 377,000 円 = 1,145,000 円
直接材料費　　直接労務費

製品Aの組間接費配賦額

$$2,440,000 円 \times \frac{3,435,000 円}{3,435,000 円 + 1,145,000 円} = 1,830,000 円$$

製品Bの組間接費配賦額

$$2,440,000 円 \times \frac{1,145,000 円}{3,435,000 円 + 1,145,000 円} = 610,000 円$$

2．組製品ごとに総合原価計算を行う

組間接費の配賦が終わったら、組製品ごとに総合原価計算を行い、月末仕掛品原価、完成品総合原価、完成品単位原価を求めます。

01）
組別総合原価計算に特有の計算です。

テキスト p.5-11
参照

組別総合原価計算③

解答

素　材

前 月 繰 越	(463,800)	(**A 組 仕 掛 品**)	(1,466,900)
(**買　掛　金**)	(3,078,000)	B 組 仕 掛 品	(1,368,800)
当 座 預 金	(37,500)	組 間 接 費	(257,200)
		次　月　繰　越	(486,400)
	(3,579,300)		(3,579,300)
前 月 繰 越	(486,400)		

賃 金 給 料

(**当　座　預　金**)	(2,714,000)	未 払 賃 金 給 料	(368,000)
預　り　金	(337,000)	A 組 仕 掛 品	(1,313,300)
未 払 賃 金 給 料	(384,000)	B 組 仕 掛 品	(1,367,900)
		(**組　間　接　費**)	(385,800)
	(3,435,000)		(3,435,000)
		未 払 賃 金 給 料	(384,000)

経　費

前 払 経 費	(112,000)	A 組 仕 掛 品	(145,700)
当 座 預 金	(568,200)	(**B 組 仕 掛 品**)	(151,900)
(**減価償却累計額**)	(378,000)	組 間 接 費	(643,000)
		前 払 経 費	(117,600)
	(1,058,200)		(1,058,200)
前 払 経 費	(117,600)		

組 間 接 費

素　　　材	(257,200)	(**A 組 仕 掛 品**)	(707,300)
(**賃　金　給　料**)	(385,800)	B 組 仕 掛 品	(578,700)
経　　　費	(643,000)		
	(1,286,000)		(1,286,000)

A 組 仕 掛 品

前 月 繰 越	(237,300)	（A 組 製 品）	(3,638,000)
（素 材）	(1,466,900)	次 月 繰 越	(232,500)
賃 金 給 料	(1,313,300)		
経 費	(145,700)		
組 間 接 費	(707,300)		
	(3,870,500)		(3,870,500)
前 月 繰 越	(232,500)		

A 組 製 品

（前 月 繰 越）	(480,600)	（売 上 原 価）	(3,690,600)
A 組 仕 掛 品	(3,638,000)	次 月 繰 越	(428,000)
	(4,118,600)		(4,118,600)
前 月 繰 越	(428,000)		

B 組 仕 掛 品

前 月 繰 越	(261,300)	B 組 製 品	(3,445,600)
素 材	(1,368,800)	（副 産 物）	(32,400)
賃 金 給 料	(1,367,900)	次 月 繰 越	(250,600)
経 費	(151,900)		
（組 間 接 費）	(578,700)		
	(3,728,600)		(3,728,600)
前 月 繰 越	(250,600)		

B 組 製 品

前 月 繰 越	(469,000)	売 上 原 価	(3,348,200)
（B 組 仕 掛 品）	(3,445,600)	（次 月 繰 越）	(566,400)
	(3,914,600)		(3,914,600)
前 月 繰 越	(566,400)		

A組原価計算表

摘　　　要	金	額
月 初 仕 掛 品		
直 接 材 料 費	（　　　128,400）	
加　工　費	（　　　108,900）	（　　　237,300）
当 月 製 造 費 用		
組 直 接 費		
直 接 材 料 費	（　　1,466,900）	
直 接 労 務 費	（　　1,313,300）	
直 接 経 費	（　　　145,700）	
組間接費配賦額	（　　　707,300）	（　　3,633,200）
合　　　計		（　　3,870,500）
月 末 仕 掛 品		
直 接 材 料 費	（　　　133,300）	
加　工　費	（　　　99,200）	（　　　232,500）
完 成 品 原 価		（　　3,638,000）
完 成 品 数 量		6,800 個
単 位 原 価		（@¥　　　535）

B組原価計算表

摘　　　要	金	額
月 初 仕 掛 品		
直 接 材 料 費	（　　　148,200）	
加　工　費	（　　　113,100）	（　　　261,300）
当 月 製 造 費 用		
組 直 接 費		
直 接 材 料 費	（　　1,368,800）	
直 接 労 務 費	（　　1,367,900）	
直 接 経 費	（　　　151,900）	
組間接費配賦額	（　　　578,700）	（　　3,467,300）
合　　　計		（　　3,728,600）
月 末 仕 掛 品		
直 接 材 料 費	（　　　148,000）	
加　工　費	（　　　102,600）	（　　　250,600）
副 産 物 評 価 額		（　　　32,400）
完 成 品 原 価		（　　3,445,600）
完 成 品 数 量		7,300 個
単 位 原 価		（@¥　　　472）

1．費目別計算

素材

月初	A 組仕掛品
463,800 円	1,466,900 円
当月購入	B 組仕掛品
3,078,000 円	1,368,800 円
引取運賃	組間接費
37,500 円	（ 257,200 円)
	月末
	486,400 円

組間接費

素材	A 組仕掛品
257,200 円	707,300 円
賃金給料	B 組仕掛品
385,800 円	578,700 円
経費	
643,000 円	

賃金給料

当月支払	月初未払
2,714,000 円	368,000 円
預り金	A 組仕掛品
337,000 円	1,313,300 円
	B 組仕掛品
	1,367,900 円
月末未払	組間接費
384,000 円	（ 385,800 円)

経費

月初前払	A 組仕掛品
112,000 円	145,700 円
当月支払	B 組仕掛品
568,200 円	151,900 円
減価償却費	組間接費
378,000 円	（ 643,000 円)
	月末前払
	117,600 円

2．生産データの整理

仕掛品（A組製品）（個）

	月　初		完　成　品	
128,400 円 (108,900 円)	600 (330)		3,638,000 円	
1,466,900 円 (2,166,300 円*)	当　月　投　入 6,820 (6,780)			
		月　末 620 (310)	133,300 円 (99,200 円) $\Big\}$ 232,500 円	

＊ 1,313,300 円 + 145,700 円 + 707,300 円 = 2,166,300 円

仕掛品（B組製品）（個）

	月　初	完　成　品
148,200 円 (113,100 円)	780 (390)	7,300 3,478,000 円 △ 32,400 円
1,368,800 円 (2,098,500 円*)	当　月　投　入 7,420 (7,370)	副　産　物 100
		月　末 800 (360)　148,000 円 (102,600 円) $\Big\}$ 250,600 円

＊ 1,367,900 円 + 151,900 円 + 578,700 円 = 2,098,500 円

3．完成品原価の計算（平均法）

(1) A組製品

①月末仕掛品

直接材料費：$\dfrac{128,400 \text{円} + 1,466,900 \text{円}}{600 \text{個} + 6,820 \text{個}} \times 620 \text{個} = 133,300 \text{円}$

加　工　費：$\dfrac{108,900 \text{円} + 2,166,300 \text{円}}{330 \text{個} + 6,780 \text{個}} \times 310 \text{個} = 99,200 \text{円}$

133,300 円 + 99,200 円 = 232,500 円

②完成品原価の計算

128,400 円 + 108,900 円 + 1,466,900 円 + 2,166,300 円 − 232,500 円 = 3,638,000 円

③完成品単位原価

3,638,000 円 ÷ 6,800 個 = 535 円／個

（2）B 組製品

　①月末仕掛品

直接材料費：$\dfrac{148,200\,円 + 1,368,800\,円}{780\,個 + 7,420\,個} \times 800\,個 = 148,000\,円$

加 工 費：$\dfrac{113,100\,円 + 2,098,500\,円}{390\,個 + 7,370\,個} \times 360\,個 = 102,600\,円$

148,000 円 + 102,600 円 = 250,600 円

　②完成品原価の計算

148,200 円 + 113,100 円 + 1,368,800 円 + 2,098,500 円 − 250,600 円 = 3,478,000 円

B 組製品の製造のさい、副産物が発生しているため、副産物の評価額
32,400 円を控除する。

3,478,000 円 − 32,400 円 = 3,445,600 円

　③完成品単位原価

3,445,600 円 ÷ 7,300 個 = 472 円／個

4．製品

A 組製品　　　（個）

月 初		当 月 販 売	
480,600 円	900	6,900	3,690,600 円
3,638,000 円	当 月 完 成 6,800	月 末 800	428,000 円＊

＊ 3,638,000 円 ÷ 6,800 個 × 800 個 = 428,000 円

B 組製品　　　（個）

月 初		当 月 販 売	
469,000 円	1,000	7,100	3,348,200 円
3,445,600 円	当 月 完 成 7,300	月 末 1,200	566,400 円＊

＊ 3,445,600 円 ÷ 7,300 個 × 1,200 個 = 566,400 円

テキスト p.5-11
参照

62

Section
3 等級別総合原価計算

等級別総合原価計算①

解答

(単位：円)

借 方 科 目	金 額	貸 方 科 目	金 額
1 級 製 品	600,000	仕 掛 品	1,400,000
2 級 製 品	800,000		

解説

　本問の等価係数は1個あたりの重量であるため、次のように計算します。

・等価係数
2級製品20kgを1とすれば、1級品は1.5となる(30kg÷20kg=1.5)。

・等価比率
　1級製品：1.5 × 1,000個 = 1,500
　2級製品：1 × 2,000個 = 2,000

・完成品原価
完成品原価1,400,000円を1,500（1級製品）と2,000（2級製品）の比率であん分します。

1級製品：$\dfrac{1,400,000 \text{円}}{1,500 + 2,000} \times 1,500 = 600,000$円

2級製品：$\dfrac{1,400,000 \text{円}}{1,500 + 2,000} \times 2,000 = 800,000$円

テキスト p.5-18
参照

解答

等級別総合原価計算表　　　　（単位：円）

製　品	完成品数量	等価係数	積　数	完成品原価	完成品単位原価
A　製　品	*600* 個	*1.0*	*600*	*300,000*	@ *500*
B　製　品	*300* 個	*1.4*	*420*	*210,000*	@ *700*
C　製　品	*100* 個	*0.8*	*80*	*40,000*	@ *400*
合　計	*1,000* 個	――	*1,100*	*550,000*	――

解説

(1)生産データの整理（先入先出法）

仕　掛　品 [01)]

月初	完成
199,600 円 （30,400 円）	500 個 （200 個）[02)]	1,000 個 （1,000 個）	399,600 円 （150,400 円）
当月投入	
320,000 円 （156,000 円）	800 個 （1,040 個）		
	月末	
	300 個 （240 個）[02)]	120,000 円 （36,000 円）

(2)材料費の計算

工程の始点で投入されているので、数量ベースで計算します。

$$\frac{320,000 \text{円}}{800 \text{個}} \times 300 \text{個} = 120,000 \text{円}\cdots\text{月末仕掛品}$$

199,600 円 + 320,000 円 − 120,000 円 = 399,600 円…完成品

(3)加工費の計算

換算量ベースで計算します。

$$\frac{156,000 \text{円}}{1,040 \text{個}} \times 240 \text{個} = 36,000 \text{円}\cdots\cdots\text{月末仕掛品}$$

30,400 円 + 156,000 円 − 36,000 円 = 150,400 円…完成品

(4)完成品総合原価の計算[03)]

399,600 円 + 150,400 円 = 550,000 円

01)
（　）は換算量による計算数値を示します。

02)
200個=500個×0.4
240個=300個×0.8

03)
ここまでは単純総合原価計算と同じです。

(5)各等級品の完成品原価および完成品単位原価の計算
①積数の計算

	完成品数量		等価係数		積数[04]
A製品	600個	×	1.0	=	600
B製品	300個	×	1.4	=	420
C製品	100個	×	0.8	=	80
	1,000個				1,100

04)
積数＝完成品数量
×等価係数

②積数単位原価の計算[05]

550,000円 ÷ 1,100 ＝＠500円

05)
完成品総合原価を積数の割合で配分します。

③各等級品の完成品原価の計算

A製品　＠500円×600 ＝ 300,000円
B製品　＠500円×420 ＝ 210,000円
C製品　＠500円× 80 ＝ 40,000円
合　計　　　　　　　 550,000円

④各等級品の完成品単位原価の計算[06]

A製品　300,000円÷600個＝＠500円
B製品　210,000円÷300個＝＠700円
C製品　40,000円÷100個＝＠400円

06)
完成品数量で割ります。積数で割らないようにしてください。

テキスト p.5-18
参照

問題 9 等級別総合原価計算③

解答

等 級 別 原 価 計 算 表

製 品	重 量	等価係数	生 産 量	積 数	あん分原価	単 価
1級製品	(*300*)g	(*1*)	2,500個	2,500	¥(*450,000*)	@¥(*180*)
2級製品	240	0.8	(*3,500*)	2,800	(*504,000*)	(*144*)
3級製品	120	(*0.4*)	5,000	(*2,000*)	(*360,000*)	(*72*)
				(*7,300*)	¥ 1,314,000	

仕　　掛　　品

前　月　繰　越	195,000	（1　級　製　品）	（	450,000）
諸　　　　　口	1,309,000	2　級　製　品	（	504,000）
		3　級　製　品	（	360,000）
		（次　月　繰　越）	（	190,000）
	（ 1,504,000）		（	1,504,000）
前　月　繰　越	（ 190,000）			

解　説

(1)等価係数および積数の算定
　本問は製品の重量にもとづいて等価係数を設定しています。2
級製品が重量240gで等価係数0.8なので、1級製品と3級製品の
等価係数は次のように計算します。
　1級製品：等価係数　1級製品の生産量と積数は2,500で等し
　　　　　　　　　　　いので、等価係数は1
　　　　　　重量　2級製品の重量と等価係数から
　　　　　　240g ÷ 0.8 = 300g
　3級製品：等価係数　120g ÷ 300g = 0.4

(2)あん分原価の計算
　①積数単位原価の計算
　　¥1,314,000 ÷ （2,500 + 2,800 + 2,000） = @¥180
　②あん分原価の計算
　　1級製品：@¥180 × 2,500 = ¥450,000
　　2級製品：@¥180 × 2,800 = ¥504,000
　　3級製品：@¥180 × 2,000 = ¥360,000

(3)単価の計算
　1級製品：¥450,000 ÷ 2,500個 = @¥180
　2級製品：¥504,000 ÷ 3,500個 = @¥144
　3級製品：¥360,000 ÷ 5,000個 = @¥72

(4)月末仕掛品原価：¥195,000 + ¥1,309,000 − ¥1,314,000
　　　　　　　　　 = ¥190,000

テキスト p.5-18～5-19
参照

問題 10 等級別総合原価計算④ 単純総合原価計算に近い等級別計算

解 答

製品Xの完成品原価 | **474,000** | 円

製品Yの月末仕掛品原価 | **32,520** | 円

07)
月末仕掛品量の等級製品別内訳が判明しています。
等価係数は直接材料費と加工費で異なります。

解 説

本問では、月初仕掛品の加工進捗度が不明なので、原価の配分方法は平均法（問題文に指示あり）、等級別計算の計算方法は単純総合原価計算に近い方法（月末仕掛品にも等価係数を加味する方法[07]）で計算することになります。

1. 等価係数を使って生産データを整理します。

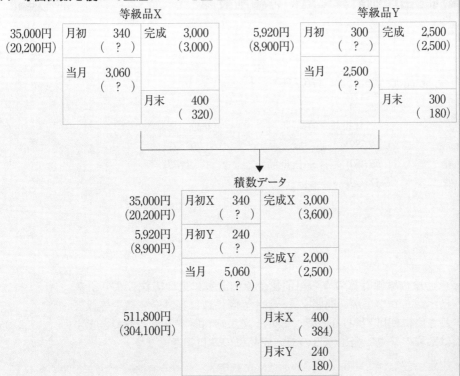

2．製品Xの完成品原価と製品Yの月末仕掛品原価の計算

(1)製品Xの完成品原価 ・・・ (2)製品Yの月末仕掛品原価

① $\dfrac{552{,}720円^{08)}}{5{,}640^{09)}} \times 3{,}000 = 294{,}000$ 円 ③ $\dfrac{552{,}720円}{5{,}640} \times 240 = 23{,}520$ 円

② $\dfrac{333{,}200円^{10)}}{6{,}664^{11)}} \times 3{,}600 = 180{,}000$ 円 ④ $\dfrac{333{,}200円}{6{,}664} \times 180 = 9{,}000$ 円

$\underline{474{,}000 \text{円}}$ $\underline{32{,}520 \text{円}}$

08)
35,000円＋5,920円
＋511,800円
＝552,720円

09)
3,000＋2,000
＋400＋240
＝5,640

10)
20,200円＋8,900円
＋304,100円
＝333,200円

11)
3,600＋2,500
＋384＋180
＝6,664

テキスト p.5-20 ～ 5-21
参照

| 問題 11 | 等級別総合原価計算⑤
組別総合原価計算に近い等級別計算 |

解答

製品Yの完成品原価 ＿＿＿116,730＿＿＿ 円

仕掛品（製品Y） （単位：円）

月初仕掛品	(10,530)	完成品	(116,730)
直接材料費	(58,050)	月末仕掛品	(9,180)
加工費	(57,330)		

解説

　本問は等級別総合原価計算のうち組別総合原価計算に近い方法により計算するという指示がありますが、問題文4．に「等価係数は当月発生額を等級製品に配分するさいに使用」とあるので、この一文から判断することもできます。なお、仕損は工程の終点で発生するので完成品にのみ負担させます。

1. 生産データを整理し、当月投入量に等価係数を掛けて積数を求めます。

製品X

直接材料費　〈kg〉

月初	完成品
700	6,060
当月投入（差額）	
6,160	正常仕損 150
↓	月末
6,160[12]	650

9,800円

加 工 費　〈kg〉

月初 700×0.4＝280	完成品
	6,060
当月投入（差額）	
6,320	正常仕損 150
↓	月末
7,584[14]	650×0.6＝390

3,080円

150,450円　125,586円

製品Y

直接材料費　〈kg〉

月初 650	完成品
	6,300
当月投入（差額）①	
6,450	正常仕損 120
↓	月末
3,870[13]	680

5,850円

加 工 費　〈kg〉

月初 650×0.6＝390	完成品
	6,300
当月投入（差額）②	
6,370	正常仕損 120
↓	月末
6,370[15]	680×0.5＝340

4,680円

2. 当月発生額の配分（製品Yのみ示します）

直接材料費：$\dfrac{150,450円}{6,160+3,870} \times 3,870 = $ **58,050円** ……①

加 工 費：$\dfrac{125,586円}{7,584+6,370} \times 6,370 = $ **57,330円** ……②

3. 製品Yの完成品原価の計算

先入先出法なので、月末仕掛品原価を計算してから差額により求めます。

(1)月末仕掛品原価

直接材料費：$\dfrac{58,050円}{6,450kg^{16)}} \times 680kg = $ 6,120 円

加 工 費：$\dfrac{57,330円}{6,370kg} \times 340kg = $ 3,060 円

9,180 円

(2)完成品原価の計算

5,850円 ＋ 4,680円 ＋ 58,050円 ＋ 57,330円 － 9,180円 ＝ **116,730円**

月初　　　　　当月投入　　　月末

4. 製品Yの月初仕掛品原価の計算

5,850円 ＋ 4,680円 ＝ **10,530円**

12)
6,160kg × 1
= 6,160
13)
6,450kg × 0.6
= 3,870
14)
6,320kg × 1.2
= 7,584
15)
6,370kg × 1
= 6,370
12)〜15)
当月投入量に等価係数を掛けた積数です。

16)
組別総合原価計算に近い方法のため、各製品ごとに原価計算を行う段階では、積数ではなく、生産量を用います。

テキスト p.5-22 〜 5-23
参照

Section

4 連産品原価計算

問題 **12** 連産品原価計算表

解 答

連産品原価計算表

製品名	正常市価	等価係数	生産量	積　数	あん分原価	単位原価
A 製品	@¥2,000	5	1,500kg	7,500	¥ 2,175,000	@¥1,450
B 製品	1,200	3	3,000	9,000	2,610,000	870
C 製品	400	1	4,000	4,000	1,160,000	290
				20,500	5,945,000	

A　製　品

前 月 繰 越	399,000	（売 上 原 価）	（	2,216,500）
（仕　掛　品）	（ 2,175,000）	次 月 繰 越	（	357,500）
	（ 2,574,000）		（	2,574,000）
前 月 繰 越	（ 357,500）			

解 説

1．連結原価の計算

仕掛品勘定を示すと、次のとおりです。

仕掛品

前 月 繰 越	427,000	完成品原価(連結原価)	5,945,000
材　料　費	2,287,000	次 月 繰 越	398,000
賃 金 給 料	3,225,000		
経　　　　費	404,000		
	6,343,000		6,343,000

2．各製品の単位原価の計算

等価係数を求め各製品の積数を計算し、これを配分基準として連結原価5,945,000円を配分します。

C製品の正常市価400円の等価係数を1とすると、

A製品の等価係数：2,000円÷400円＝5

B製品の等価係数：1,200円÷400円＝3

C製品の等価係数：400円÷400円＝1

　となります（Ａ製品またはＢ製品の正常市価を等価係数１として計算することもできます）。

製品名	正常市価	等価係数	生産量	積数	あん分原価	単位原価
Ａ製品	2,000 円	5	1,500kg	7,500[*1]	2,175,000 円[*2]	1,450 円[*3]
Ｂ製品	1,200 円	3	3,000kg	9,000	2,610,000 円	870 円
Ｃ製品	400 円	1	4,000kg	4,000	1,160,000 円	290 円
				20,500	5,945,000 円	

＊1　$5 \times 1,500\text{kg} = 7,500$

＊2　$5,945,000 \text{円} \times \dfrac{7,500}{20,500} = 2,175,000 \text{円}$

＊3　$2,175,000 \text{円} \div 1,500\text{kg} = 1,450 \text{円}$

3．Ａ製品の売上原価の計算

$$(399,000 \text{円} + 2,175,000 \text{円}) \times \frac{1,550\text{kg}}{300\text{kg} + 1,500\text{kg}} = 2,216,500 \text{円}$$

テキスト p.5-29 ～ 5-30
参照

Chapter 6

工業簿記の財務諸表

損益計算書と貸借対照表

問題
1

損益計算書の作成

解 答

損 益 計 算 書		（単位：万円）
Ⅰ 売　　上　　高		26,280
Ⅱ 売　上　原　価		
1　期首製品棚卸高	（　3,900　）	
2　当期製品製造原価	（　19,880　）	
合　　　計	（　23,780　）	
3　期末製品棚卸高	（　4,100　）	
差　　　引	（　19,680　）	
4　原　価　差　異	（　200　）	（　19,880　）
売上総利益		（　6,400　）

解 説

原価差異は、製造間接費を予定配賦していることにより生じます。

予定配賦額：4,400万円* × 200％ ＝ 8,800万円
＊直接労務費 4,350万円 ＋ 1,050万円 － 1,000万円 ＝ 4,400万円
原 価 差 異：予定配賦額 8,800万円 － 実際発生額 9,000万円
　　　　　　 ＝△ 200万円（不利差異）

賃　　　金	
当期支払 4,350万円	前期未払 1,000万円
	当期消費分 4,400万円
当期未払 1,050万円	

次に、勘定連絡図を示します（単位：万円）。損益計算書は、製品勘定から作成します。

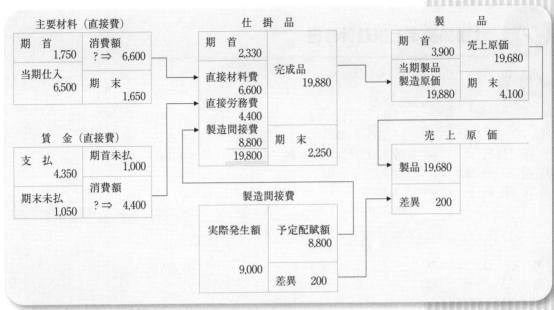

主要材料（直接費）

期　首 1,750	消費額 ?⇒ 6,600
当期仕入 6,500	期　末 1,650

賃　金（直接費）

支　払 4,350	期首未払 1,000
期末未払 1,050	消費額 ?⇒ 4,400

仕　掛　品

期　首 2,330	完成品 19,880
直接材料費 6,600	
直接労務費 4,400	
製造間接費 8,800 19,800	期　末 2,250

製造間接費

実際発生額	予定配賦額 8,800
9,000	差異 200

製　　品

期　首 3,900	売上原価 19,680
当期製品製造原価 19,880	期　末 4,100

売 上 原 価

製品 19,680	
差異 200	

テキスト p.6-3
参照

解答

仕　掛　品　　　　　（単位：万円）

前 期 繰 越	700	(製 品)	(	8,275)
直 接 材 料 費	(5,120)	次 期 繰 越		1,050
直 接 労 務 費	(2,105)			
製 造 間 接 費	(1,400)			
	(9,325)		(	9,325)

損　益　計　算　書　　　　　（単位：万円）

(売　　上　　高)		(	11,900)
(売　上　原　価)			
期 首 製 品 有 高	1,120		
(当期製品製造原価)	(8,275)		
合　　　計	(9,395)		
期 末 製 品 有 高	995		
差　　　引	(8,400)		
原 価 差 異	(− 140)	(	8,260)
売 上 総 利 益		(	3,640)
販売費及び一般管理費		(	2,240)
営 業 利 益		(	1,400)

(注) 原価差異については、差引欄で算出した売上原価に対し加算するな
ら＋、売上原価から控除するなら−の記号を、□内に記入しなさい。

解説

以下に、勘定連絡図を示します(単位:万円)。

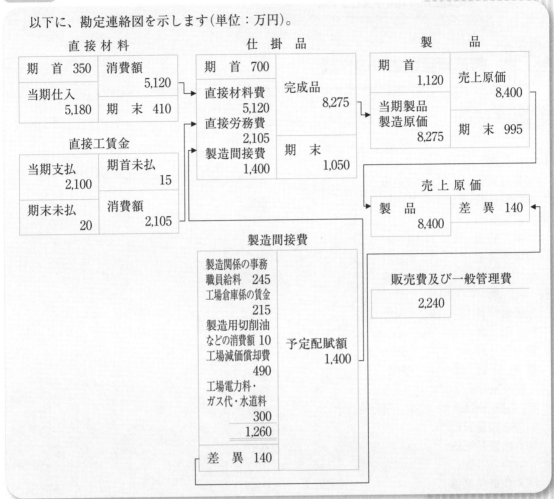

直接材料	
期　首　350	消費額
	5,120
当期仕入	期　末　410
5,180	

直接工賃金	
当期支払	期首未払
2,100	15
期末未払	消費額
20	2,105

仕　掛　品	
期　首　700	完成品
直接材料費	8,275
5,120	
直接労務費	
2,105	期　末
製造間接費	1,050
1,400	

製　品	
期　首	売上原価
1,120	8,400
当期製品	
製造原価	
8,275	期　末　995

売　上　原　価	
製　品	差　異　140
8,400	

製造間接費	
製造関係の事務	
職員給料　245	
工場倉庫係の賃金	
215	予定配賦額
製造用切削油	1,400
などの消費額　10	
工場減価償却費	
490	
工場電力料・	
ガス代・水道料	
300	
1,260	
差　異　140	

販売費及び一般管理費
2,240

テキスト p.6-3
参照

問題
3 製造原価報告書の作成

解答

製造原価報告書 （単位：円）

材　料　費
　主要材料費　（　　10,400　　）
　補助材料費　（　　6,200　　）　（　　16,600　　）
労　務　費
　直接工賃金　（　　13,600　　）
　間接工賃金　（　　6,200　　）
　給　　　料　（　　1,800　　）　（　　21,600　　）
経　　　費
　減価償却費　（　　1,600　　）
　保　険　料　（　　400　　）
　電　力　料　（　　600　　）
　租税公課　（　　200　　）　（　　2,800　　）
　　合　　計　　　　　　　　　　（　　41,000　　）
　製造間接費配賦差異　【　−　】　（　　680　　）
　当期総製造費用　　　　　　　　（　　40,320　　）
　期首仕掛品原価　　　　　　　　（　　5,000　　）
　　合　　　計　　　　　　　　　（　　45,320　　）
　期末仕掛品原価　　　　　　　　（　　6,000　　）
　当期製品製造原価　　　　　　　（　　39,320　　）

※【　】には＋（有利差異の場合）または−（不利差異の場合）を記入すること。

解説

1. 材料費

主要材料費　2,000 円＋10,000 円−1,600 円＝10,400 円（直接材料費）
　　　　　　　期首有高　　当期仕入高　　期末有高

補助材料費　1,000 円＋6,000 円−800 円＝6,200 円（間接材料費）
　　　　　　　期首有高　　当期仕入高　　期末有高

2. 労務費

直接工賃金　14,000円 + 3,600円 − 4,000円 = 13,600円（直接労務費）
<small>当期支払高　　期末未払高　　期首未払高</small>

間接工賃金　6,000円 + 2,600円 − 2,400円 = 6,200円（間接労務費）
<small>当期支払高　　期末未払高　　期首未払高</small>

給　　　料　2,000円 + 1,400円 − 1,600円 = 1,800円（間接労務費）
<small>当期支払高　　期末未払高　　期首未払高</small>

3. 製造間接費

(1)予定配賦額

13,600円 × 120% = 16,320円
<small>直接労務費</small>

(2)実際発生額

間接材料費	6,200円
間接労務費 6,200円 + 1,800円	= 8,000円
間接経費 1,600円 + 400円 + 600円 + 200円	= 2,800円
合　　計	17,000円

(3)配賦差異

16,320円 − 17,000円 = △680円（不利差異）

テキスト p.6-4
参照

解 答

製造原価報告書 （単位：円）

I 直接材料費			
月初棚卸高	(	1,400,000)	
当月仕入高	(	5,320,000)	
合　計	(	6,720,000)	
月末棚卸高	(	1,120,000)	(5,600,000)
II 直接労務費			(2,380,000)
III 製造間接費			
間接材料費	(	588,000)	
間接労務費	(	812,000)	
電力料金	(	210,000)	
保険料	(	280,000)	
減価償却費	(	700,000)	
水道料金	(	140,000)	
合　計	(	2,730,000)	
製造間接費配賦差異	(	70,000)	(2,800,000)
当月総製造費用			(10,780,000)
月初仕掛品原価			(1,680,000)
合　計			(12,460,000)
月末仕掛品原価			(1,960,000)
当月製品製造原価			(10,500,000)

損 益 計 算 書 （単位：円）

I 売上高			19,600,000
II 売上原価			
月初製品有高	(	1,120,000)	
当月製品製造原価	(	10,500,000)	
合　計	(	11,620,000)	
月末製品有高	(	840,000)	
原価差異	(	70,000)	(10,710,000)
売上総利益			(8,890,000)

（以下略）

解 説

　本問を解くうえで何が直接材料費か、または何が間接材料費なのかを正しく判断する必要があります。復習のさいには、Chapter 3もあわせて見直しましょう。以下に、勘定連絡図を示します(単位：円)。

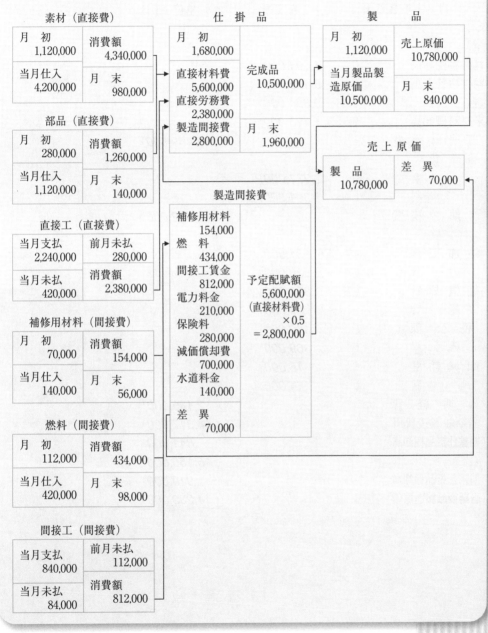

テキスト p.6-5
参照

解答

製造原価報告書

自×1年2月1日　至×2年1月31日　　（単位：円）

全経工業株式会社

I　材　料　費
1．期首材料棚卸高　　（　　1,394,000）
2．（当期材料仕入高）（　　8,490,000）
　　合　　計　　（　　9,884,000）
3．（期末材料棚卸高）（　　1,425,000）
　　当 期 材 料 費　　（　　8,459,000）
II　労　務　費
1．（賃　　　　金）（　　3,371,000）
2．給　　　料　（　　301,000）
　　当 期 労 務 費　　（　　3,672,000）
III　経　　　費
1．（外 注 加 工 賃）（　　131,000）
2．電　力　料　（　　538,000）
3．減 価 償 却 費　（　　892,000）
4．修　繕　費　（　　67,000）
5．租 税 公 課　（　　110,000）
6．保　険　料　（　　369,000）
7．棚 卸 減 耗 費　（　　15,000）
8．雑　　　費　（　　64,000）
　　当 期 経 費　　（　　2,186,000）
　　当期総製造費用　　（　14,317,000）
　　（期首仕掛品棚卸高）（　　841,000）
　　合　　計　　（　15,158,000）
　　期末仕掛品棚卸高　（　　919,000）
　　（当期製品製造原価）（　14,239,000）

損　益　計　算　書

自×1年2月1日　至×2年1月31日　　（単位：円）

Ⅰ	売　上　高		(	21,261,000)
Ⅱ	売　上　原　価			
1.	（**期首製品棚卸高**）	(2,490,000)		
2.	当期製品製造原価	(14,239,000)		
	合　　　計	(16,729,000)		
3.	期末製品製造原価	(2,649,000)	(	14,080,000)
	売上総利益		(	7,181,000)
Ⅲ	販売費および一般管理費			
1.	給　　　料	(1,266,000)		
2.	広告宣伝費	(548,000)		
3.	発　送　費	(92,000)		
4.	電　力　料	(221,000)		
5.	（**減価償却費**）	(216,000)		
6.	租税公課	(61,000)		
7.	保　険　料	(374,000)		
8.	貸倒引当金繰入	(85,000)		
9.	棚卸減耗費	(47,000)		
10.	雑　　　費	(124,000)	(	3,034,000)
	営業利益		(	4,147,000)
Ⅳ	営業外収益			
1.	受取利息		(	65,000)
Ⅴ	営業外費用			
1.	（**支払利息**）		(	140,000)
	税引前当期純利益		(	4,072,000)
	法　人　税　等			1,629,000
	当期純利益		(	2,443,000)

貸　借　対　照　表

全経工業株式会社　　　×2年1月31日　　　（単位：円）

現 金 預 金	(3,453,000)	支 払 手 形	(	1,692,000)
受 取 手 形	(2,090,000)	買 掛 金	(	3,155,000)
売 掛 金	(4,210,000)	借 入 金	(	3,700,000)
製 品	(2,602,000)	未 払 費 用	(	351,000)
（**材　　料**）	(1,410,000)	未払法人税等	(	815,000)
仕 掛 品	(919,000)	（**貸倒引当金**）	(	126,000)
貸 付 金	(2,127,000)	建物減価償却累計額	(	1,647,000)
前 払 費 用	(106,000)	機械減価償却累計額	(	1,818,000)
建 物	(8,400,000)	備品減価償却累計額	(	879,000)
機 械	(3,800,000)	資 本 金	(	17,000,000)
備 品	(1,600,000)	繰越利益剰余金	(	3,424,000)
土 地	(3,890,000)			
	(34,607,000)		(	34,607,000)

解答欄の製造原価報告書、損益計算書、貸借対照表の項目順に解説していきます。

1．製造原価報告書

(1)期末材料棚卸高

¥1,425,000（帳簿棚卸高）

(2)当期材料仕入高

¥8,459,000 ＋ ¥1,425,000 － ¥1,394,000 ＝ ¥8,490,000
消費高　　　　　期末材料棚卸高　　　期首材料棚卸高

(3)賃金

¥3,343,000 － ¥264,000 ＋ ¥292,000 ＝ ¥3,371,000
当期支払高　　　期首未払高　　　当期末未払高

(4)給料

問題文2．会計期間の各費目消費高より、
¥1,567,000 － ¥1,266,000 ＝ ¥301,000

(5)外注加工賃

¥113,000 ＋ ¥18,000 ＝ ¥131,000
当期支払高　　　当期末未払高

(6)減価償却費

¥400,000 × 65％ ＋ ¥518,000 ＋ ¥190,000 × 60％ ＝ ¥892,000

(7)租税公課

問題文2．会計期間の各費目消費高より、
¥171,000 － ¥61,000 ＝ ¥110,000

(8)棚卸減耗費

¥1,425,000 － ¥1,410,000 ＝ ¥15,000
材料帳簿棚卸高　　材料実地棚卸高

2．損益計算書

(1)当期製品製造原価

¥14,239,000（製造原価報告書・当期製品製造原価より）

(2)期末製品棚卸高

¥2,649,000（帳簿棚卸高）

(3)電力料

¥755,000 － ¥37,000 ＋ ¥41,000 ＝ ¥759,000
当期支払高　　期首未払高　　当期末未払高

問題文2．会計期間の各費目消費高より、
¥759,000 － ¥538,000 ＝ ¥221,000

(4)減価償却費

$$¥400,000 × 35\% + ¥190,000 × 40\% = ¥216,000$$

(5)保険料

$$¥751,000 + ¥98,000 - ¥106,000 = ¥743,000$$
　　当期支払高　　期首前払高　　当期末前払高

問題文2．会計期間の各費目消費高より、

$$¥743,000 - ¥369,000 = ¥374,000$$

(6)貸倒引当金繰入

$$(¥2,090,000 + ¥4,210,000) × 2\% - ¥41,000 = ¥85,000$$

(7)棚卸減耗費

$$¥2,649,000 - ¥2,602,000 = ¥47,000$$
　　製品帳簿棚卸高　　製品実地棚卸高

(8)雑費

問題文2．会計期間の各費目消費高より、

$$¥188,000 - ¥64,000 = ¥124,000$$

3．貸借対照表
(1)前払費用

$$¥106,000 （前払保険料）$$

(2)未払費用

$$¥292,000 + ¥18,000 + ¥41,000 = ¥351,000$$
　　未払賃金　　未払外注加工賃　　未払電力料

(3)未払法人税等

$$¥1,629,000 - ¥814,000 = ¥815,000$$
　　　　　　　整理後試算表の仮払法人税等

(4)貸倒引当金

$$(¥2,090,000 + ¥4,210,000) × 2\% = ¥126,000$$

(5)繰越利益剰余金

$$¥981,000 + ¥2,443,000 = ¥3,424,000$$
　整理後試算表より　　損益計算書 当期純利益より

テキスト p.6-8
参照

Chapter 7
標準原価計算

Section 1 標準原価計算のポイント

問題 1 標準原価カード

解答

標準原価カード

直接材料費	（@ 50円）×（10kg）	=	（ 500円）
直接労務費	（@ 80円）×（5時間）	=	（ 400円）
製造間接費	（@100円）×（5時間）[01]	=	（ 500円）
単位あたり標準製造原価	……………………		（1,400円）

製造間接費の配賦基準は直接作業時間という指示があるので、5時間を使用します。

解説

資料の中から適切なものを選んで、標準原価カードを作成します。標準単価に標準消費量等を掛けたものが標準原価になります。ただし、製造間接費の配賦基準については、問題によって異なるので注意してください。

テキスト p.7-3
参照

問題 2 標準原価の算定

解答

(A)

完成品原価	720,000円
月初仕掛品原価	84,000円
月末仕掛品原価	192,000円

(B)

完成品原価	720,000円
月初仕掛品原価	72,000円
月末仕掛品原価	144,000円

解 説

（A)か(B)かによって仕掛品原価が異なります。ただし、完成品は仕上り程度が1（100%）であって、どちらの場合でも数量は変化しないため、当然同じになります。

(A)

1. 生産データの整理

直接材料費(A)の場合

月　初 60個	完　成 400個
当月投入 500個	
	月　末 160個

加工費・直接材料費(B)の場合

月　初 40個 [02]	完　成 400個
当月投入 440個 [03]	
	月　末 80個 [04]

02)
加工費月初
60個×2/3＝40個

03）当月投入
400個＋80個－40個＝440個

04）加工費月末
160個×1/2＝80個

2. 原価の算定

(A)

完成品原価　　@1,800円×400個＝720,000円 [05]

月初仕掛品原価 [06]　直接材料費　@　600円×60個＝36,000円
　　　　　　　　　　　加　工　費　@1,200円×40個＝48,000円
　　　　　　　　　　　　　　　　　　　　　　　　　84,000円

月末仕掛品原価 [06]　直接材料費　@　600円×160個＝96,000円
　　　　　　　　　　　加　工　費　@1,200円× 80個＝96,000円
　　　　　　　　　　　　　　　　　　　　　　　　　192,000円

05)
完成品は直接材料費・加工費ともに仕上り程度が1なので、費目別に分けずに、一括して原価を求めることができます。

06)
月初・月末仕掛品は直接材料費と加工費で仕上り程度が異なるので別々に計算します。

(B)材料が加工に応じて投入されるので、直接材料費も加工費と同様に、仕上り程度を加味します。したがって、一括して原価を算定できます。

完成品原価　　　@1,800円×400個＝720,000円
月初仕掛品原価　@1,800円× 40個＝ 72,000円
月末仕掛品原価　@1,800円× 80個＝144,000円

テキスト p.7-4
参照

Section
2

直接材料費・直接労務費の差異分析

問題
3

差異分析①

解答

直接材料費差異	材料消費価格差異	*204,000*円(**不利**差異)
	数 量 差 異	*40,000*円(**有利**差異)
	総 差 異	*164,000*円(**不利**差異)
直接労務費差異	賃 率 差 異	*150,000*円(**不利**差異)
	作業時間差異	*75,000*円(**不利**差異)
	総 差 異	*225,000*円(**不利**差異)

解説

本問は、標準原価計算における原価差異分析の問題です。

1. 直接材料費差異の分析

@230円
@200円

材料消費価格差異

数量差異

7,000kg　　6,800kg

当月標準消費量 700 個 × 10kg = 7,000kg

材料消費価格差異[01]:(@ 200 円 − @ 230 円)× 6,800kg = △ 204,000 円 (不利差異)

数量差異[02]:@ 200 円 ×(7,000kg − 6,800kg)= + 40,000 円 (有利差異)

総 差 異 :@ 200 円 × 7,000kg − 1,564,000 円 = △ 164,000 円 (不利差異)

01)
材料消費価格差異＝
(標準単価−実際単価)×実際消費量
02)
数量差異＝標準単価×(標準消費量−実際消費量)

２. 直接労務費差異の分析

@340円

@300円

	賃　率　差　異	
		作業時間差異

3,500時間　　　3,750時間

当月標準直接作業時間 700 個× 5 時間 = 3,500 時間

賃率差異 03)：（@ 300 円 – @ 340 円）× 3,750 時間 = △ 150,000 円（不利差異）

作業時間差異 04)：@ 300 円×（3,500 時間 – 3,750 時間）= △ 75,000 円（不利差異）

総 差 異 ：@ 300 円× 3,500 時間 – 1,275,000 円 = △ 225,000 円（不利差異）

03)
賃率差異＝（標準賃率－実際賃率）×実際作業時間

04)
作業時間差異＝標準賃率×（標準直接作業時間－実際直接作業時間）

テキスト p.7-11、7-14
参照

問題
4

差異分析②

解　答

仕掛 - 直接材料費

前 月 繰 越	(312,000)	製　　　　品	(2,730,000)
材　　　料	2,670,300	数 量 差 異	(39,000)
消費価格差異	(20,700)	次 月 繰 越	(234,000)
	(3,003,000)		(3,003,000)
前 月 繰 越	(234,000)		

解　説

仕掛 - 直接材料費勘定の記入は、次のとおりです。

完成品：@ ¥ 390 × 7,000 個 = ¥ 2,730,000

月初仕掛品：@ ¥ 390 × 800 個 = ¥ 312,000

月末仕掛品：@ ¥ 390 × 600 個 = ¥ 234,000

消費価格差異：実際単価　¥ 2,670,300 ÷ 10,350kg = @ ¥ 258

　　　　　　（@ ¥ 260 – @ ¥ 258）× 10,350kg = ¥ 20,700（有利差異）

数量差異：標準消費量（7,000 個 + 600 個 – 800 個）× 1.5kg = 10,200kg

　　　　　@ ¥ 260 ×（10,200kg – 10,350kg）= △ ¥ 39,000（不利差異）

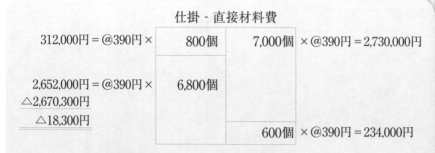

仕掛‐直接材料費

312,000円＝@390円× | 800個 | 7,000個 ×@390円＝2,730,000円

2,652,000円＝@390円× | 6,800個
△2,670,300円
　△18,300円

600個 ×@390円＝234,000円

実際単価
@¥258
標準単価
@¥260

| 消費価格差異 ¥20,700 |
| 標準直接材料費 ¥2,652,000 | 数量差異 △¥39,000 |

標準消費量　実際消費量
10,200kg　　10,350kg

テキスト p.7-9、7-11
参照

問題5　差異分析③

解答

仕掛‐直接労務費

前 月 繰 越	(85,500)	製　　　品	(1,440,000)
賃 金 給 料	1,457,150	(賃 率 差 異)	(9,650)
		作 業 時 間 差 異	(12,000)
		次 月 繰 越	(81,000)
	(1,542,650)		(1,542,650)
前 月 繰 越	(81,000)		

解説

　仕掛‐直接労務費勘定の記入は、次のとおりです。
完成品：@¥450 × 3,200個 ＝ ¥1,440,000
月初仕掛品：@¥450 × 380個 × 50％ ＝ ¥85,500
月末仕掛品：@¥450 × 400個 × 45％ ＝ ¥81,000
賃率差異：実際賃率　¥1,457,150 ÷ 1,930時間 ＝ @¥755
　　　　　（@¥750 － @¥755）× 1,930個 ＝ △¥9,650（不利差異）
作業時間差異：標準作業時間（3,200個 ＋ 400個 × 45％ － 380個 × 50％）
　　　　　× 0.6時間 ＝ 1,914時間
　　　　　@¥750 ×（1,914時間 － 1,930時間）＝ △¥12,000（不利差異）

仕掛・直接労務費

85,500円 = @450円 × 190個   3,200個 × @450円 = 1,440,000円

1,435,500円 = @450円 × 3,190個
△1,457,150円
△21,650円

180個 × @450円 = 81,000円

実際賃率
@¥755

	賃率差異 △¥9,650	
標準直接労務費 ¥1,435,500	作業時間差異 △¥12,000	

標準賃率
@¥750

標準作業時間   実際作業時間
1,914時間   1,930時間

テキスト p.7-12、7-14
参照

Section
3

製造間接費の差異分析

問題
6

製造間接費の差異分析①

解 答

(単位：円)

借 方 科 目	金 額	貸 方 科 目	金 額
予 算 差 異	16,000	仕 掛 品	16,000

解 説

予算差異：予算額1,685,000円 − 実際発生額1,701,000円 = △16,000円（借方差異）

テキスト p.7-16
参照

解答

予　算　差　異　*21,000*円（**不利差異**）　　能　率　差　異　*45,000*円（**不利差異**）
操業度差異　*49,000*円（**不利差異**）

解説

1．生産データの整理

加　工　費

月初仕掛品 150個[01]	完　成　品 4,500個
当　月　投　入 4,850個[02]	
	月末仕掛品 500個[01]

製造間接費の差異分析を行うので、加工費のボックス図のみを書きます。

当月の標準直接作業時間
4,850個 × 1時間 ＝ 4,850時間

01)
月初 500個 × 0.3
＝ 150個
月末 1,000個 × 0.5
＝ 500個
02)
当月投入
4,500個 ＋ 500個
－ 150個
＝ 4,850個
03)
420,000円 ÷ 6,000時間
＝ @70円
04)
差異の分け方は、解答用紙に能率差異だけが示され、変動費と固定費の両方から把握するとあるため、変動費能率差異と固定費能率差異を求めて、合算すればよい。

2．差異分析

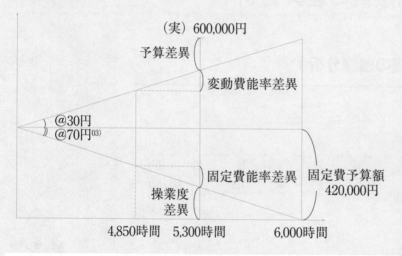

予　算　差　異（@30円 × 5,300時間 ＋ 420,000円）－ 600,000円
　　　　　　　　＝ △21,000円（不利差異）
変動費能率差異　@30円 ×（4,850時間 － 5,300時間）
　　　　　　　　＝ △13,500円（不利差異）
固定費能率差異　@70円 ×（4,850時間 － 5,300時間）
　　　　　　　　＝ △31,500円（不利差異）
以上より、
能　率　差　異 [04] △13,500円 ＋ △31,500円 ＝ △45,000円（不利差異）
操　業　度　差　異　@70円 ×（5,300時間 － 6,000時間）
　　　　　　　　＝ △49,000円（不利差異）

テキスト p.7-17、7-21
参照

Section 4 標準原価計算の記帳

問題 8 パーシャル・プラン

解答

仕　掛　品			（単位：円）
月 初 仕 掛 品[01] （ 112,400 ）	製　　　　　品[01] （ 1,600,000 ）		
材　　　料（ 681,100 ）	直接材料費差異（ 6,100 ）		
賃　　　金（ 504,075 ）	製造間接費差異（ 24,900 ）		
製 造 間 接 費（ 460,500 ）	月 末 仕 掛 品[01] （ 131,200 ）		
（直接労務費）差異（ 4,125 ）			
（ 1,762,200 ）	（ 1,762,200 ）		

01)
月初・月末仕掛品、完成品は標準原価で記入します。

解説

　パーシャル・プランによる仕掛品勘定の記入を行いますが、本問では原価差異を費目別に記入する必要があります。
　生産データの整理を行い、先に仕掛品勘定のうち、製品・仕掛品原価・実際発生額を記入したうえで原価差異を把握します。

1．生産データの整理

仕掛品（直接材料費）

月　初 20個	完　成 250個
当 月 投 入 270個	
	月　末 40個

仕掛品（加工費）

月　初 16個[02]	完　成 250個
当 月 投 入 242個[03]	
	月　末 8 個[02]

02)
加工費
月初
20 個 × 0.8 ＝ 16 個
月末
40 個 × 0.2 ＝ 8 個

03)
当月投入
250 個＋ 8 個－ 16 個
＝ 242 個

2．仕掛品勘定の記入

月初仕掛品　直接材料費　@ 2,500 円 × 20 個 ＝ 　50,000 円
　　　　　　加　工　費　@ 3,900 円 × 16 個 ＝ 　62,400 円
　　　　　　　　　　　　　　　　　　　　　　112,400 円

月末仕掛品　直接材料費　@ 2,500 円 × 40 個 ＝ 100,000 円
　　　　　　加　工　費　@ 3,900 円 × 　8 個 ＝ 　31,200 円
　　　　　　　　　　　　　　　　　　　　　　131,200 円

完　成　品　@ 6,400 円 × 250 個 ＝ 1,600,000 円

材料・賃金・製造間接費（資料④より）

材　　　料　@ 490 円 × 1,390kg ＝ 681,100 円
賃　　　金　504,075 円
製造間接費　460,500 円

　ここまでは資料から簡単に算出することができるので、差異分析を
行う前に記入しておきます。

３．差異の計算[04]

(1)直接材料費差異

総差異　@ 500 円 × 1,350kg* − @ 490 円 × 1,390kg ＝ △6,100 円
　　　　　　　　　　　　　　　　　　　　　　　　（不利差異）

＊標準消費量　270 個 × 5 kg ／個 ＝ 1,350kg[05]

(2)直接労務費差異

総差異　@ 700 円 × 726 時間* − 504,075 円 ＝ ＋ 4,125 円
　　　　　　　　　　　　　　　　　　　　　（有利差異）

＊標準直接作業時間　242 個 × 3 時間／個 ＝ 726 時間

(3)製造間接費差異

総差異　@ 600 円 × 726 時間[06] − 460,500 円 ＝ △24,900 円
　　　　　　　　　　　　　　　　　　　　　　（不利差異）

04)
各原価差異とも、仕
掛品勘定には総差異
の金額を記入しま
す。

05)
標準消費量は解説1
の生産データの当月
投入量を使います。

06)
製造間接費の配賦基
準は直接作業時間な
ので、直接労務費と
同様に 726 時間が
標準配賦基準値とな
ります。

テキスト p.7-27
参照

Chapter 8
直接原価計算

CVP 分析

問題
1 **CVP分析①**

解 答

損益分岐点における販売数量	*800* 個
損益分岐点における売上高	*4,000,000* 円
安全率	*20*%

解 説

1．損益分岐点販売数量および売上高

損益分岐点の販売数量をX（個）と置くと、次のように示すことができます。

売上高：@5,000円×X個＝5,000 X
変動費：（@1,800円＋@700円）×X個＝2,500 X
固定費：1,600,000円＋400,000円＝2,000,000円

また、損益分岐点は、売上高＝変動費＋固定費で示すことができます。そのため、損益分岐点販売量は、次のとおりです。

$$5,000\,X = 2,500\,X + 2,000,000$$
$$X = 800 \, （個）$$

そのときの売上高

@5,000円×800個＝4,000,000円

2．安全率

当期売上高：@5,000円×1,000個＝5,000,000円
損益分岐点売上高：解説1．より 4,000,000円

以上より

$$\frac{5,000,000円 - 4,000,000円}{5,000,000円} \times 100 = 20\%$$

※損益分岐点比率：$\dfrac{4,000,000円}{5,000,000円} \times 100 = 80\%$

テキスト p.8-5、8-6
参照

解答

問1	*10,000*個
問2	*25,000,000*円
問3	*18,000*個
問4	*27,000*個
問5	*625,000*円

解説

問1・2

　損益分岐点販売数量をX（個）と置くと、次のように示すことができます。

　売上高：＠2,500円×X個＝2,500X
　変動費：（＠1,250円＋＠125円）×X個＝1,375X
　固定費：8,000,000円＋3,250,000円＝11,250,000円

　上記より損益分岐点販売数量、損益分岐点売上高は次のとおりです。

　損益分岐点販売数量：2,500X＝1,375X＋11,250,000
　　　　　　　　　　　　　　　X＝10,000（個）
　損益分岐点売上高：＠2,500円×10,000個＝25,000,000円

問3

　目標利益達成点販売数量をY（個）と置きます。

　目標利益達成点販売数量：2,500Y＝1,375Y＋11,250,000＋9,000,000
　　　　　　　　　　　　　　　　Y＝18,000（個）

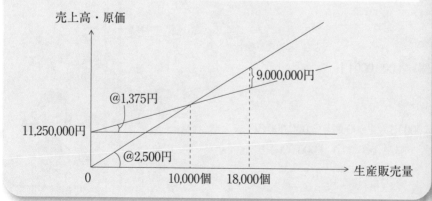

問4

目標利益達成点販売数量をZ（個）と置くと、次のように示すことができます。

売上高：@2,500円×（1 − 0.2）× Z = 2,000Z

これより、

目標利益達成点販売数量：2,000Z = 1,375Z + 11,250,000 + 5,625,000

$$Z = 27,000（個）$$

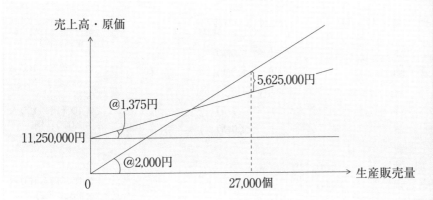

問5

固定費の金額をxと置きます。

$$2,000 × 26,000 = 1,375 × 26,000 + x + 5,625,000$$

$$x = 10,625,000$$

削減すべき固定費額：11,250,000円 − 10,625,000円 = 625,000円

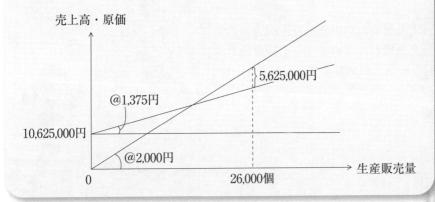

テキスト p.8-5
参照

Section
2 直接原価計算

問題
3 損益計算書の作成①

解答

損 益 計 算 書 （単位：千円）

Ⅰ	売　　上　　高		(5,000)[01]
Ⅱ	変 動 売 上 原 価		(1,000)[02]
	変動製造マージン		(4,000)
Ⅲ	変 動 販 売 費		(100)
	貢 献 利 益		(3,900)
Ⅳ	固　　定　　費		
	固 定 製 造 原 価	(1,500)[03]	
	固 定 販 売 費	(200)	
	固 定 一 般 管 理 費	(300)	(2,000)
	営 業 利 益		(1,900)

01)
@ 50 千円× 100 台
＝ 5,000 千円
02)
@ 10 千円× 100 台
＝ 1,000 千円

03)
@ 15 千円× 100 台
＝ 1,500 千円

解説

　直接原価計算による損益計算書を作成するにあたり、必要となってくる数字を、問題文から漏れなく拾えるかが本問のポイントです。

　変動売上原価には実際製造原価の変動費、固定製造原価には実際製造原価の固定費を使用して求めます。直接原価計算による損益計算書の形式をしっかりと理解しておきましょう。

テキスト p.8-9
参照

Chapter 8

直接原価計算

問題 4 損益計算書の作成②

解答

直接原価計算方式による損益計算書

Ⅰ 売 上 高	(	2,400,000)
Ⅱ 変 動 売 上 原 価	(	1,065,000)
製 造 マ ー ジ ン	(	1,335,000)
Ⅲ 変 動 販 売 費	(	231,000)
限 界 利 益	(	1,104,000)
Ⅳ 固 定 費	(	744,000)
営 業 利 益	(	360,000)

現在の営業利益を確保するための固定費総額	￥	670,400

解説

1．損益計算書の各金額の算定

売上高：@￥1,600 × 1,500個 = ￥2,400,000

変動売上原価：単位あたり変動費　直接材料費　￥540,000 ÷ 1,800個 = @￥300

変動加工費　￥738,000 ÷ 1,800個 = @￥410

（@￥300 + @￥410）× 1,500個 = ￥1,065,000 [04]

変動販売費：@￥154 × 1,500個 = ￥231,000

固定費：￥414,000 + ￥126,000 + ￥204,000 = ￥744,000

2．販売数量が1,400個に減少した場合の固定費総額の算定

(1)販売数量が1,400個に減少した場合の限界利益

（@￥1,600 − @￥300 − @￥410 − @￥154）× 1,400個 = ￥1,030,400

(2)現在の営業利益を確保するための固定費総額

￥1,030,400 − ￥360,000 = ￥670,400

04)
販売量1,500個に対して生産量は1,800個。売上原価になるのは販売された1,500個分だけ。

テキスト p.8-12 参照

Chapter 9
本社工場会計

本社工場会計

問題 1 本社工場間取引①

解答

本社の仕訳[01]　　　　　　　　　　　　　　　　　　（単位：円）

	借方科目	金　額	貸方科目	金　額
(1)	電　力　料	50,000	当　座　預　金	200,000
	工　　　　　場[02]	150,000		
(2)	減価償却費	36,000	減価償却累計額	180,000
	工　　　　　場	144,000		
(3)	工　　　　　場	40,000	現　　　　　金	40,000
(4)	仕　訳　な　し			
(5)	売　上　原　価	43,000	工　　　　　場	43,000

工場の仕訳[01]　　　　　　　　　　　　　　　　　　（単位：円）

	借方科目	金　額	貸方科目	金　額
(1)	電　力　料	150,000	本　　　　　社[02]	150,000
(2)	減価償却費	144,000	本　　　　　社	144,000
(3)	租　税　公　課	40,000	本　　　　　社	40,000
(4)	仕　掛　品	260,000	製　造　間　接　費	260,000
(5)	本　　　　　社	43,000	製造間接費配賦差異	43,000

> **01)**
> 解答欄は別々になっていますが、1つの取引につき本社の仕訳と工場の仕訳を同時に行うとよいでしょう。
> **02)**
> 本社勘定と工場勘定は、貸借が逆で金額が同じになります。

解説

(1) 200,000円×1／4 ＝ 50,000円……本社分
　　200,000円×3／4 ＝ 150,000円……工場分
(2) 180,000円×1／5 ＝ 36,000円……本社分
　　180,000円×4／5 ＝ 144,000円……工場分
　　間接法を採用しているので、本社の仕訳における貸方科目は減価償却累計額になります。
(3) 固定資産税は租税公課勘定で処理します。工場の建物・機械に対する固定資産税なので、工場の仕訳において租税公課を計上します。
(4) 本社には無関係な工場のみの取引なので、本社において仕訳は行われません。

テキスト p.9-4
参照

問題 2 本社工場間取引②

解答

本社の仕訳[03]　　　　　　　　　　　　　　　　　　（単位：円）

	借方科目	金額	貸方科目	金額
(1)	工　　　　　場	130,000	当　座　預　金	130,000
(2)	工　　　　　場	250,000	当　座　預　金	200,000
			預　　り　　金	50,000
(3)	仕　訳　な　し			
(4)	仕　訳　な　し			
(5)	預　　り　　金	50,000	現　　　　　金	50,000

工場の仕訳[03]　　　　　　　　　　　　　　　　　　（単位：円）

	借方科目	金額	貸方科目	金額
(1)	製　造　間　接　費	130,000	本　　　　　社	130,000
(2)	賃　　　　　金	250,000	本　　　　　社	250,000
(3)	仕　　掛　　品	200,000	賃　　　　　金	260,000
	製　造　間　接　費	60,000		
(4)	仕　　掛　　品	180,000	製　造　間　接　費	180,000
(5)	仕　訳　な　し			

解説

　使用できる勘定科目が指定されています。
　(3)、(4)の取引は、本社には無関係な工場のみの取引なので、本社においては仕訳は行われません。

03)
使用できる勘定科目が指定されていることに注意してください。

テキスト p.9-4
参照

Chapter 10
個別原価計算の基礎

Section 1 個別原価計算の方法

問題 1 指図書別原価の計算

解 答

(1)直接作業時間基準　　　　　　　　　　　　（単位：円）

	製造間接費配賦額	製造原価
＃1	52,500	232,500
＃2	94,500	334,500
＃3	105,000	405,000

(2)機械運転時間基準　　　　　　　　　　　　（単位：円）

	製造間接費配賦額	製造原価
＃1	44,800	224,800
＃2	140,000	380,000
＃3	67,200	367,200

解 説

(1)直接作業時間基準

配賦率：$\dfrac{3,360,000\ 円}{8,000\ 時間} = @420\ 円$

配賦額

　＃1：@420円 × 125時間 = 52,500円

　＃2：@420円 × 225時間 = 94,500円

　＃3：@420円 × 250時間 = 105,000円

製造原価

　＃1：80,000円 + 100,000円 + 52,500円 = 232,500円

　＃2：60,000円 + 180,000円 + 94,500円 = 334,500円

　＃3：100,000円 + 200,000円 + 105,000円 = 405,000円

(2)機械運転時間基準

配賦率：$\dfrac{3,360,000\,円}{6,000\,時間}=@560\,円$

配賦額
#1：@560円 × 80時間 = 44,800円
#2：@560円 × 250時間 = 140,000円
#3：@560円 × 120時間 = 67,200円

製造原価
#1：80,000円 + 100,000円 + 44,800円 = 224,800円
#2：60,000円 + 180,000円 + 140,000円 = 380,000円
#3：100,000円 + 200,000円 + 67,200円 = 367,200円

テキスト p.10-4
参照

問題 2 指図書別原価計算表の作成①

解答

指図書別原価計算表　　　　（単位：円）

摘　要	#10	#11	#12	合　計*1
直接材料費	500,000	700,000	600,000	1,800,000
直接労務費	915,000	830,000	935,000	2,680,000
製造間接費	400,000	540,000	500,000	1,440,000
合　計*2	1,815,000	2,070,000	2,035,000	5,920,000
備　考	完　成	完　成	仕掛中	

仕　掛　品　　　　（単位：円）

材　　　料（1,800,000）	製　　　品（3,885,000）
賃　　　金（2,680,000）	次 月 繰 越（2,035,000）
製造間接費（1,440,000）	
（5,920,000）	（5,920,000）

解説

　本問では、指図書別原価計算表と仕掛品勘定との対応関係を理解してください。指図書別原価計算表の各費目の合計欄（*1）の金額は、そのまま仕掛品勘定の借方に対応し、各指図書の合計欄（*2）の金額は、貸方に対応します。そのうち、完成した指図書の合計額は製品勘定へ振り替えられ、未完成の指図書の合計額は月末仕掛品原価として次月へ繰り越されます。

　つまり、指図書別原価計算表は仕掛品勘定の内訳を表していることになります。

テキスト p.10-4
参照

問題 **3** 指図書別原価計算表の作成②

解答

指図書別原価計算表　　　　　（単位：円）

摘　　要	No.1001	No.1002	No.1003	合　　計
月初仕掛品原価	168,000	—	—	168,000
直接材料費	28,000	112,000	140,000	280,000
直接労務費	35,000	78,400	98,000	211,400
製造間接費	44,800	106,400	123,200	274,400
合　　計	275,800	296,800	361,200	933,800
備　　考	完　成	完　成	仕掛中	

仕　掛　品　　　（単位：円）

月初仕掛品	(168,000)	当月完成品	(572,600)
直接材料費	(280,000)	月末仕掛品	(361,200)
直接労務費	(211,400)		
製造間接費	(274,400)		
	(933,800)		(933,800)

解説

　指図書別原価計算表と仕掛品勘定の対応を理解しましょう。
　指図書別原価計算表の各費目の合計は、仕掛品勘定の借方に対応します。
　また、完成した指図書に集計された製造原価は製品勘定に振り替え、未完成の指図書に集計された製造原価は月末仕掛品原価として、次月に繰り越します。

テキスト p.10-4
参照

問題 **4** 指図書別原価計算表の作成③

解答

指図書別原価計算表　　　　　（単位：円）

摘　　要	No.501	No.502	No.503	合　　計
直接材料費	84,000	130,200	189,000	403,200
直接労務費	56,000	84,000	112,000	252,000
製造間接費	16,800	25,200	33,600	75,600
合　　計	156,800	239,400	334,600	730,800

月末仕掛品原価　　156,800 円

月末製品原価　　　239,400 円

解説

1. 製造間接費の配賦

製造間接費は、直接労務費を基準に配賦します。

配賦率：$\dfrac{75,600\ 円}{252,000\ 円} = 0.3$

No.501	$0.3 \times 56,000$ 円	$= 16,800$ 円
No.502	$0.3 \times 84,000$ 円	$= 25,200$ 円
No.503	$0.3 \times 112,000$ 円	$= 33,600$ 円
合　計		$75,600$ 円

2. 月末仕掛品と月末製品

月末において、未完成のもの（No.501）は月末仕掛品、完成・未引渡のもの（No.502）は月末製品となります。

なお、個別原価計算の場合は、注文量のすべてが完成しないと完成品とはなりません。したがって140台の注文量のうち100台しか完成していないNo.501は月末仕掛品となります。

月末仕掛品原価（No.501）：156,800円

月末製品原価（No.502）：239,400円

テキスト p.10-4
参照

問題 5　勘定記入①

解答

仕　掛　品　　　（単位：円）

月 初 有 高	（ 1,289,000 ）	当 月 完 成 高	（ 4,529,000 ）
当月製造費用:		月 末 有 高	（ 2,008,000 ）
直 接 材 料 費	（ 3,482,500 ）		
直 接 労 務 費	（ 355,500 ）		
製 造 間 接 費	（ 1,410,000 ）		
計	（ 5,248,000 ）		
	（ 6,537,000 ）		（ 6,537,000 ）

製　品　　　（単位：円）

月 初 有 高	（ 1,570,000 ）	売 上 原 価	（ 3,779,000 ）
当 月 完 成 高	（ 4,529,000 ）	月 末 有 高	（ 2,320,000 ）
	（ 6,099,000 ）		（ 6,099,000 ）

　単純個別原価計算の問題です。勘定の流れをしっかりつかんだうえで、資料を分析する必要があります。

1. 本問の流れ

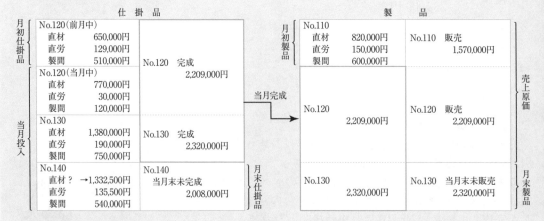

2. 勘定記入

〔仕掛品勘定〕

(1)月初有高

No.120（前月発生原価のみ）：650,000円 + 129,000円 + 510,000円
　　　　　　　　　　　　　　　= 1,289,000円

(2)直接材料費（当月投入）

直接材料費（平均法）

月初 200個	当月消費 1,750個
当月購入 1,800個	月末 250個

当月消費高：$\dfrac{@1,000円×200個+@2,100円×1,800個}{200個+1,800個}×1,750個=3,482,500円$

No.140の消費額：3,482,500円 − (770,000円 + 1,380,000円) = 1,332,500円
　　　　　　　　　　　　　　　　　No.120・当月分　　　No.130

(3)直接労務費（当月消費）

30,000円 + 190,000円 + 135,500円 = 355,500円
No.120・当月分　No.130　　　No.140

　No.120の前月中に集計された原価は、当月の製造費用には含めません。

(4)製造間接費（当月消費）

120,000円 + 750,000円 + 540,000円 = 1,410,000円
No.120・当月分　　No.130　　　　No.140

(5)当月完成高

No.120（前月中）：650,000円 + 129,000円 + 510,000円 = 1,289,000円

No.120（当月中）：770,000円 + 30,000円 + 120,000円 = <u> 920,000円</u>

                            2,209,000円

No.130：1,380,000円 + 190,000円 + 750,000円 = 2,320,000円

合　計：2,209,000円 + 2,320,000円 = 4,529,000円

(6)月末有高

No.140：1,332,500円 + 135,500円 + 540,000円 = 2,008,000円

〔製品勘定〕

(7)月初有高

No.110：820,000円 + 150,000円 + 600,000円 = 1,570,000円

(8)当月完成高

上記(5)より 4,529,000円

(9)売上原価

No.110：1,570,000円

No.120：2,209,000円

合　計：1,570,000円 + 2,209,000円 = 3,779,000円

(10)月末有高

No.130：2,320,000円

テキスト p.10-6
参照

問題 **6** **勘定記入②**

解　答

	仕　掛　品		（単位：円）
7／1　月初有高　(*5,950,000*[01])		7／31　当月完成高　(*13,400,000*[05])	
7／31　直接材料費　(*1,540,000*[02])		〃　月末有高　(*1,540,000*)	
〃　直接労務費　(*2,960,000*[03])			
〃　製造間接費　(*4,490,000*[04])			
(*14,940,000*)		(*14,940,000*)	

	製　品		（単位：円）
7／1　月初有高　(*4,060,000*)		7／31　売上原価　(*12,460,000*[06])	
7／31　当月完成高　(*13,400,000*[05])		〃　月末有高　(*5,000,000*)	
(*17,460,000*)		(*17,460,000*)	

01）
4,480,000円 + 1,470,000円 = 5,950,000円
02）
700,000円 + 840,000円 = 1,540,000円
03）
(1,960,000円 − 1,680,000円) + (1,120,000円 − 420,000円) + 1,700,000円 + 280,000円 = 2,960,000円
04）
(2,940,000円 − 2,520,000円) + (1,680,000円 − 630,000円) + 2,600,000円 + 420,000円 = 4,490,000円
05）
5,180,000円 + 3,220,000円 + 5,000,000円 = 13,400,000円
06）
4,060,000円 + 5,180,000円 + 3,220,000円 = 12,460,000円

個別原価計算の勘定記入の問題です。勘定の流れをしっかりつかんだうえで、資料を分析する必要があります。

1．各製品の流れ

製造指図書別着手・完成・引渡記録の資料から、各製品が7月の月初および月末現在でどのような状況にあるのかをまとめます。

製造指図書番号	状　　況	7月初	7月末
101	6月完成、7月引渡	製品	売上原価
102	6月着手、7月完成・引渡	仕掛品	売上原価
103	6月着手、7月完成・引渡	仕掛品	売上原価
104	7月着手・完成、7月末未引渡	－	製品
105	7月着手、7月末未完成	－	仕掛品

2．勘定の流れ

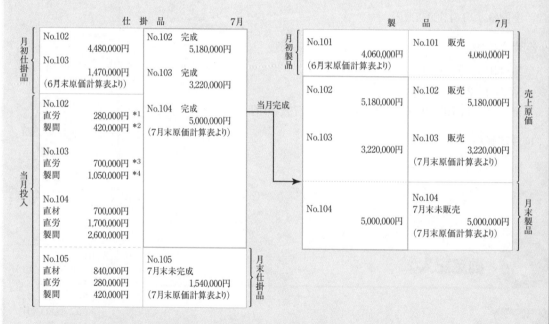

*1　1,960,000円（7月末時点の原価計算表）－1,680,000円（6月末時点の原価計算表）＝ 280,000円
*2　2,940,000円（7月末時点の原価計算表）－2,520,000円（6月末時点の原価計算表）＝ 420,000円
*3　1,120,000円（7月末時点の原価計算表）－ 420,000円（6月末時点の原価計算表）＝ 700,000円
*4　1,680,000円（7月末時点の原価計算表）－ 630,000円（6月末時点の原価計算表）＝1,050,000円

テキスト p.10-6
参照

仕損・作業くずの会計処理

 問題 7 仕損の処理①

解答

原価計算表　　　　　　　（単位：円）

摘　要	♯100	♯101	♯100-1	♯101-1
直接材料費	125,000	80,000	21,000	75,000
直接労務費	118,000	95,000	32,000	96,000
製造間接費	224,000	120,000	28,000	103,000
小　計	467,000	295,000	81,000	274,000
評　価　額	0	△ 30,000	0	0
仕　損　費	81,000	△265,000	△81,000	265,000
合　計	548,000	0	0	539,000

（単位：円）

借　方　科　目	金　　額	貸　方　科　目	金　　額
仕　　掛　　品	265,000	仕　　掛　　品	295,000
仕　　損　　品	30,000		

解説

仕損の処理の仕訳

　♯101において全部が仕損となったので、まず仕掛品から仕損費に振り替えます。そのさい、仕損品の評価額については仕損品（資産）とします。

（借）仕　損　費　265,000　（貸）仕　掛　品　295,000
　　　仕　損　品　 30,000

　ただし、♯101で把握した仕損費は♯101－1に賦課するので、仕掛品に振り替えることになります。

（借）仕　掛　品　265,000　（貸）仕　損　費　265,000

　この2つの仕訳を1つにした（仕損費を相殺した）仕訳が解答となります。

テキスト p.10-14
参照

解答

原 価 計 算 表

指図書# 摘要	＃1	＃2	＃3	＃2-R1	合 計
月初仕掛品原価	92,500	(*59,500*)	—	—	152,000
直接材料費	(*187,200*)	166,300	(*119,500*)	29,800	502,800
直接労務費	(*336,000*)	(*298,000*)	232,000	(*54,000*)	920,000
直接経費	45,000	34,700	25,600	(*6,400*)	(*111,700*)
製造間接費	(*453,600*)	402,300	(*313,200*)	72,900	1,242,000
小 計	(*1,114,300*)	(*960,800*)	690,300	163,100	(*2,928,500*)
補 修 費	—	(*163,100*)	—	△(*163,100*)	0
合 計	1,114,300	(*1,123,900*)	(*690,300*)	0	(*2,928,500*)
備 考	完 成	完 成	未 完 成	＃2へ賦課	

解説

　製造間接費の配賦は直接労務費法によるので、直接労務費を基準に製造間接費を配賦します。

(1)月初仕掛品原価

＃2：¥152,000 − ¥92,500 = ¥59,500
　　　月初仕掛品　＃1・月初
　　　原価合計　　仕掛品原価

(2)直接労務費

製造間接費配賦率：¥1,242,000 ÷ ¥920,000 = 1.35
＃2：¥402,300 ÷ 1.35 = ¥298,000
＃2-R1：¥72,900 ÷ 1.35 = ¥54,000
＃1：¥920,000 − (¥298,000 + ¥232,000 + ¥54,000) = ¥336,000
　　　直接労務費合計　　　　　　横合計

(3)製造間接費

＃1：¥336,000 × 1.35 = ¥453,600
　　　＃1・直接労務費

＃3：¥232,000 × 1.35 = ¥313,200
　　　＃3・直接労務費

(4)直接材料費

＃3：¥690,300 − (¥232,000 + ¥25,600 + ¥313,200) = ¥119,500
　　　＃3・小計　　　　　　＃3の縦合計

＃1：¥502,800 − (¥166,300 + ¥119,500 + ¥29,800) = ¥187,200
　　　直接材料費合計　　　　　横合計

テキスト p.10-17
参照

⑸直接経費

　# 2-R1：¥163,100 －（¥29,800 ＋ ¥54,000 ＋ ¥72,900）＝ ¥6,400
　　　　　 # 2-R1・小計　　　　　　# 2-R1の縦合計

⑹補修費

　# 2-R1の原価合計¥163,100は、補修費として発生した製造指図
書# 2へ賦課します。

 問題 9

作業くずの処理

解　答

（単位：円）

借　方　科　目	金　　額	貸　方　科　目	金　　額
作　業　く　ず	20,000	仕　　掛　　品	20,000

解　説

　製造原価から控除するという記述より、作業くずの評価額
20,000円を仕掛品勘定から控除します。

テキスト p.4-33、10-16
参照

解答

素　　材

前　月　繰　越	(158,000)	仕　掛　品	(2,250,000)
(買　　掛　　金)	(2,621,000)	製 造 間 接 費	(342,000)
		材料消費価格差異	(2,000)
		(製 造 間 接 費)	(3,000)
		次　月　繰　越	(182,000)
	(2,779,000)		(2,779,000)
前　月　繰　越	(182,000)		

工 場 消 耗 品

前　月　繰　越	(24,000)	(製 造 間 接 費)	(241,000)
買　　掛　　金	(245,000)	次　月　繰　越	(28,000)
	(269,000)		(269,000)
前　月　繰　越	(28,000)		

賃 金 給 料

諸　　　　　口	(3,610,000)	前　月　繰　越	(489,000)
(賃　率　差　異)	(5,000)	(仕　　掛　　品)	(2,550,000)
次　月　繰　越	(532,000)	製 造 間 接 費	(510,000)
		製 造 間 接 費	(598,000)
	(4,147,000)		(4,147,000)
		前　月　繰　越	(532,000)

仕 掛 品

前　月　繰　越	(276,000)	仕　掛　品	(357,000)
(素　　　　材)	(2,250,000)	作　業　く　ず	(9,000)
賃　金　給　料	(2,550,000)	(製　　　　品)	(5,998,000)
当　座　預　金	(114,000)	次　月　繰　越	(1,808,000)
製 造 間 接 費	(2,625,000)		
仕　　掛　　品	(357,000)		
	(8,172,000)		(8,172,000)
前　月　繰　越	(1,808,000)		

製 造 間 接 費

素　　　　　材	(342,000)	仕　掛　品	(2,625,000)
素　　　　　材	(3,000)	製造間接費配賦差異	(8,000)
（工 場 消 耗 品）	(241,000)		
賃 金 給 料	(510,000)		
賃 金 給 料	(598,000)		
当 座 預 金	(496,000)		
減価償却累計額	(443,000)		
	(2,633,000)		(2,633,000)

製　　　　　品

仕　掛　品	(5,998,000)	売 上 原 価	(3,150,000)
		次 月 繰 越	(2,848,000)
	(5,998,000)		(5,998,000)
前 月 繰 越	(2,848,000)		

売 上 原 価

製　　　　　品	(3,150,000)	月 次 損 益	(3,150,000)

売　　　　　上

月 次 損 益	(4,800,000)	売 掛 金	(4,800,000)

原 価 計 算 表　　　　　（単位：円）

摘要　　　　指図書#	＃601	＃602	＃603	＃602-R1	合　計
月初仕掛品原価	276,000	—	—	—	276,000
直接材料費	828,000	729,000	612,000	81,000	2,250,000
直接労務費	986,000	850,000	578,000	136,000	2,550,000
直 接 経 費	49,000	37,000	28,000	—	114,000
製造間接費	1,015,000	875,000	595,000	140,000	2,625,000
小　　計	3,154,000	2,491,000	1,813,000	357,000	7,815,000
補　修　費	—	357,000	—	△357,000	0
合　　計	3,154,000	2,848,000	1,813,000	0	7,815,000
作業くず評価額	4,000	—	5,000	—	9,000
差 引 計	3,150,000	2,848,000	1,808,000	0	7,806,000
備　　　考	完　成	完　成	仕掛中	＃602へ賦課	

1．素材および工場消耗品の購入

（借）素　　　　　材 2,621,000　（貸）買　　掛　　金 2,866,000

　　　工 場 消 耗 品　 245,000

　素材および工場消耗品を購入したので、各勘定の金額を増加させます。

2．素材の予定消費額の計算

（借）仕　　　掛　　　品 2,250,000[01]　（貸）素　　　　　材 2,592,000

　　　製 造 間 接 費　 342,000[02]

　素材のうち、直接材料費として消費したものは仕掛品勘定、間接材料費として消費したものは製造間接費勘定へ振り替えます。

　＃601　　：＠450円×1,840kg＝828,000円
　＃602　　：＠450円×1,620kg＝729,000円
　＃603　　：＠450円×1,360kg＝612,000円
　＃602－R1：＠450円×　180kg＝　81,000円

3．材料消費価格差異の計上

（借）材料消費価格差異　　　2,000[03]　（貸）素　　　　　材　　　2,000

　予定消費額と実際消費額の差額を、材料消費価格差異として計上します。

4．棚卸減耗の把握

（借）製 造 間 接 費　　　3,000[04]　（貸）素　　　　　材　　　3,000

　月末帳簿棚卸高と月末実地棚卸高の差額を、製造間接費勘定へ振り替えます。

5．工場消耗品の計算

（借）製 造 間 接 費　 241,000[05]　（貸）工 場 消 耗 品　 241,000

　月初棚卸高と当月仕入高から月末実地棚卸高を差し引いて実際消費高を計算し、製造間接費勘定へ振り替えます。

01）　828,000円＋729,000円＋612,000円＋81,000円＝2,250,000円
02）　＠450円×760kg＝342,000円
03）　2,592,000円－2,594,000円＝△2,000円（不利差異）
04）　（158,000円＋2,621,000円－2,594,000円）－182,000円＝3,000円
　　　　　　　　月末帳簿棚卸高 185,000円
05）　24,000円＋245,000円－28,000円＝241,000円

6．賃金給料の支払い

(借)賃 金 給 料 3,610,000 　(貸)預 　 り 　 金 722,000

当 座 預 金 2,888,000

当月の給与総支給高を、賃金給料勘定として計上します。

7．直接工の賃金給料の予定消費額の計算

(借)仕 　 掛 　 品 2,550,000 [06] 　(貸)賃 　金 　給 　料 3,060,000

製 造 間 接 費 510,000 [07]

　直接工の賃金給料のうち、直接作業時間は仕掛品勘定、間接作業時間は製造間接費勘定へ振り替えます。

＃601 　　　：@680円×1,450時間＝986,000円

＃602 　　　：@680円×1,250時間＝850,000円

＃603 　　　：@680円× 850時間＝578,000円

＃602－R1：@680円× 200時間＝136,000円

8．直接工の賃率差異の計上

(借)賃 　金 　給 　料 　　5,000 [08] 　(貸)賃 　率 　差 　異 　　5,000

　予定消費額と実際消費額（当月支給高－月初未払高＋月末未払高）の差額を賃率差異として計上します。

9．間接工の賃金給料の計算

(借)製 造 間 接 費 598,000 [09] 　(貸)賃 　金 　給 　料 598,000

　当月支給高から月初未払高を差し引き、月末未払高を加算して実際消費高を計算します。なお、間接工の賃金給料は製造間接費勘定へ振り替えます。

10．製造間接費の予定配賦

(借)仕 　 掛 　 品 2,625,000 [10] 　(貸)製 造 間 接 費 2,625,000

　製造間接費の予定配賦率を計算し、予定配賦率に直接工の直接作業時間をかけて製造間接費の予定配賦額を計算します。

予定配賦率：36,400,000円÷52,000時間＝@700円

年間製造間接費予算額　年間直接作業時間

＃601 　　：@700円×1,450時間＝1,015,000円

＃602 　　：@700円×1,250時間＝ 875,000円

＃603 　　：@700円× 850時間＝ 595,000円

＃602-R1：@700円× 200時間＝ 140,000円

06) 　986,000円＋850,000円＋578,000円＋136,000円＝2,550,000円

07) 　@680円×750時間＝510,000円

08) 　3,060,000円－（3,008,000円－392,000円＋439,000円）＝5,000円（有利差異）

09) 　602,000円－97,000円＋93,000円＝598,000円

10) 　1,015,000円＋875,000円＋595,000円＋140,000円＝2,625,000円

11. 経費の消費

（借）仕　　掛　　品　114,000[11]　（貸）当　座　預　金　610,000

　　　製　造　間　接　費　496,000

　直接経費（製造指図書番号の記入がある経費消費高）は仕掛品勘定、間接経費（製造指図書番号の記入がない経費消費高）は製造間接費勘定に振り替えます。

12. 減価償却費の計上

（借）製　造　間　接　費　443,000　（貸）減価償却累計額　443,000

　当月分の減価償却費を計上します。

13. 製造間接費配賦差異の計上

（借）製造間接費配賦差異　8,000[12]　（貸）製　造　間　接　費　8,000

　製造間接費の予定配賦額と実際配賦額の差額を、製造間接費配賦差異として計上します。

　実際配賦額：342,000円 + 3,000円 + 241,000円 + 510,000円
　　　　　　　+ 598,000円 + 496,000円 + 443,000円 = 2,633,000円

14. 補修費の賦課

（借）仕　　掛　　品　357,000[13]　（貸）仕　　掛　　品　357,000

　補修指図書 # 602 − R1に集計された製造原価を、製造指図書 # 602に賦課します。

15. 作業くずの発生

（借）作　業　く　ず　9,000[14]　（貸）仕　　掛　　品　9,000

　作業くずは、原価計算表上、発生した製造指図書の製造原価から控除します。

16. 製品の完成および販売

（借）製　　　　　品　5,998,000[15]　（貸）仕　　掛　　品　5,998,000

　　　売　　掛　　金　4,800,000　　　　売　　　　　上　4,800,000

　　　売　上　原　価　3,150,000　　　　製　　　　　品　3,150,000

　製品が完成したら、完成品原価を計算し、仕掛品勘定から製品勘定へ振り替えます。また、製品を販売したら売上原価を計算し

---

11)　49,000円 + 37,000円 + 28,000円 = 114,000円
12)　2,625,000円 − 2,633,000円 = △8,000円（不利差異）
13)　81,000円 + 136,000円 + 140,000円 = 357,000円
14)　4,000円 + 5,000円 = 9,000円
15)　3,150,000円 + 2,848,000円 = 5,998,000円

て、製品勘定から売上原価勘定へ振り替えます。
　#601：276,000円＋828,000円＋986,000円＋49,000円＋1,015,000円－4,000円
　　　　＝3,150,000円
　#602：729,000円＋850,000円＋37,000円＋875,000円＋357,000円
　　　　＝2,848,000円
勘定連絡図を示すと、以下のとおりです。

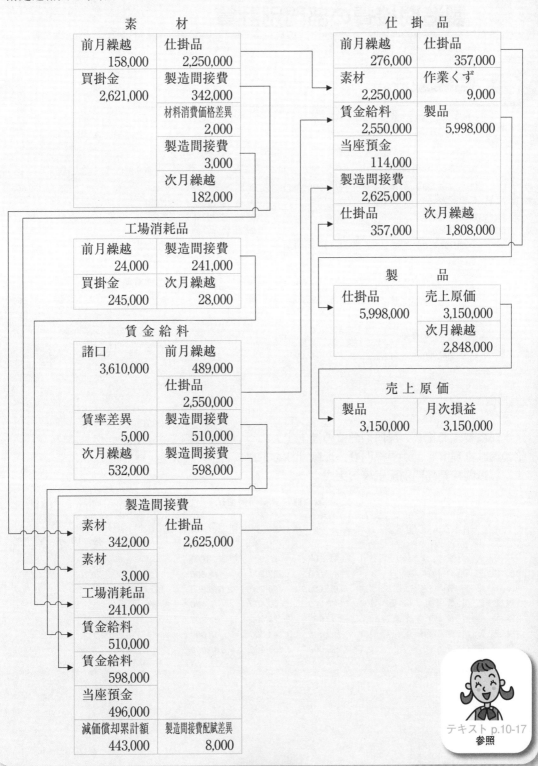

素　材

前月繰越 158,000	仕掛品 2,250,000
買掛金 2,621,000	製造間接費 342,000
	材料消費価格差異 2,000
	製造間接費 3,000
	次月繰越 182,000

仕　掛　品

前月繰越 276,000	仕掛品 357,000
素材 2,250,000	作業くず 9,000
賃金給料 2,550,000	製品 5,998,000
当座預金 114,000	
製造間接費 2,625,000	
仕掛品 357,000	次月繰越 1,808,000

工場消耗品

前月繰越 24,000	製造間接費 241,000
買掛金 245,000	次月繰越 28,000

製　　品

仕掛品 5,998,000	売上原価 3,150,000
	次月繰越 2,848,000

賃　金　給　料

諸口 3,610,000	前月繰越 489,000
	仕掛品 2,550,000
賃率差異 5,000	製造間接費 510,000
次月繰越 532,000	製造間接費 598,000

売　上　原　価

製品 3,150,000	月次損益 3,150,000

製造間接費

素材 342,000	仕掛品 2,625,000
素材 3,000	
工場消耗品 241,000	
賃金給料 510,000	
賃金給料 598,000	
当座預金 496,000	
減価償却累計額 443,000	製造間接費配賦差異 8,000

テキスト p.10-17
参照

Section
1 製造間接費の部門別計算

問題
1 直接配賦法

解答

切削部門費 (単位:円)

諸　　　　口	(898,200)	仕　掛　品	(1,151,400)
事 務 部 門 費	(29,400)		
修 繕 部 門 費	(79,800)		
動 力 部 門 費	(144,000)		
	(1,151,400)		(1,151,400)

組立部門費 (単位:円)

諸　　　　口	(646,800)	仕　掛　品	(760,600)
事 務 部 門 費	(12,600)		
修 繕 部 門 費	(53,200)		
動 力 部 門 費	(48,000)		
	(760,600)		(760,600)

動力部門費 (単位:円)

諸　　口	192,000	諸　　口	(192,000)

修繕部門費 (単位:円)

諸　　口	(133,000)	諸　　口	(133,000)

事務部門費 (単位:円)

諸　　口	(42,000)	諸　　口	(42,000)

解説

　本問は製造間接費の部門別配賦の勘定記入についての問題です。勘定の流れを理解し、かつ部門費の配賦計算を正確に行ってください。

1. 製造間接費部門別配賦表の完成

製造間接費部門別配賦表 (単位:円)

費　　目	配 賦 基 準	合　計	製 造 部 門		補 助 部 門		
			切 削 部	組 立 部	動 力 部	修 繕 部	事 務 部
部 門 個 別 費	──	1,417,000	621,000	528,000	142,500	103,300	22,200
(1)部 門 共 通 費	従 業 員 数	495,000	277,200	118,800	49,500	29,700	19,800
(2)部　　門　　費		1,912,000	898,200	646,800	192,000	133,000	42,000
①事 務 部 門 費	従 業 員 数	42,000	29,400	12,600			
②修 繕 部 門 費	修 繕 作 業 時 間	133,000	79,800	53,200			
③動 力 部 門 費	機 械 運 転 時 間	192,000	144,000	48,000			
(3)製 造 部 門 費		1,912,000	1,151,400	760,600			

解 説

(1)部門共通費の配賦（配賦基準：従業員数）[01]

495,000円 × 56% = 277,200円（切削部）

495,000円 × 24% = 118,800円（組立部）

495,000円 × 10% = 49,500円（動力部）

495,000円 × 6% = 29,700円（修繕部）

495,000円 × 4% = 19,800円（事務部）

(2)補助部門費の各製造部門への配賦

①事務部門費

(22,200円 + 19,800円) × 70% = 29,400円（切削部）

(22,200円 + 19,800円) × 30% = 12,600円（組立部）

②修繕部門費

(103,300円 + 29,700円) × 60% = 79,800円（切削部）

(103,300円 + 29,700円) × 40% = 53,200円（組立部）

③動力部門費

(142,500円 + 49,500円) × 75% = 144,000円（切削部）

(142,500円 + 49,500円) × 25% = 48,000円（組立部）

(3)製造部門費の集計

切削部　621,000円 + 277,200円 + 29,400円 + 79,800円 + 144,000円
= 1,151,400円

組立部　528,000円 + 118,800円 + 12,600円 + 53,200円 + 48,000円
= 760,600円

01)
各勘定の借方の諸口の部分には、部門共通費配賦後の部門費の金額を記入します。

2．勘定記入 [02]

　製造間接費部門別配賦表で算定した金額に従って勘定記入を行います。勘定の流れは、以下のようになっています。

02)
製造間接費部門別配賦表と部門費関係勘定との関連に注意して、双方を関連付けながら復習してください。

動力部門費

| 部門費合計 192,000円 | | 144,000円 |
| | | 48,000円 |

切削部門費

| 部門費合計 898,200円 | |
| | 253,200円 |

修繕部門費

| 部門費合計 133,000円 | | 79,800円 |
| | | 53,200円 |

組立部門費

| 部門費合計 646,800円 | |
| | 113,800円 |

事務部門費

| 部門費合計 42,000円 | | 29,400円 |
| | | 12,600円 |

仕訳は次のようになります。

(借)切削部門費	253,200	(貸)動力部門費	192,000
組立部門費	113,800	修繕部門費	133,000
		事務部門費	42,000

テキスト p.11-8
参照

問題 **2** 相互配賦法

解答

製造間接費部門別配賦表 (単位：円)

摘　要	合　計	製　造　部　門		補　助　部　門			
		機械加工部	組立部	材料倉庫部	動力部	工場事務部	
部　門　費	1,345,000	530,000	380,000	145,000	150,000	140,000	*1
材料倉庫部門費	145,000	72,500	43,500	――――	14,500	14,500	第1次
動　力　部　門費	150,000	60,000	60,000	15,000		15,000	配賦
工場事務部門費	140,000	42,000	42,000	14,000	42,000	――――	
		*2	*2	29,000	56,500	29,500	
材料倉庫部門費	29,000	18,125	10,875				第2次配賦
動　力　部　門費	56,500	28,250	28,250				
工場事務部門費	29,500	14,750	14,750				
製　造　部　門費	1,345,000	765,625	579,375				*3

	借方科目	金　額	貸方科目	金　額	
①	機械加工部門費	530,000	製 造 間 接 費	1,345,000	
	組 立 部 門 費	380,000			
	材料倉庫部門費	145,000			*1
	動 力 部 門 費	150,000			
	工場事務部門費	140,000			
②	機械加工部門費	235,625	材料倉庫部門費	145,000	
	組 立 部 門 費	199,375	動 力 部 門 費	150,000	*2
			工場事務部門費	140,000	
③	仕 　掛 　品	1,345,000	機械加工部門費	765,625	*3
			組 立 部 門 費	579,375	

03)
補助部門費の配賦方
法が違っても（ex.
直接配賦法と相互配
賦法）、仕訳は同じ
ように行います。

解説

　本問は補助部門費を相互配賦法によって配賦します。第1次配賦と
第2次配賦という2段階の計算をマスターしましょう。
1．補助部門費の各製造部門への配賦（相互配賦法）
⑴第1次配賦（補助部門間の用役の提供を考慮する）
①材料倉庫部

$$\frac{145,000\text{円}}{50\% + 30\% + 10\% + 10\%} \times 50\% = 72,500\text{円（機械加工部）}$$

$$\frac{145,000\text{円}}{50\% + 30\% + 10\% + 10\%} \times 30\% = 43,500\text{円（組　立　部）}$$

$$\frac{145,000\text{円}}{50\% + 30\% + 10\% + 10\%} \times 10\% = 14,500\text{円（動　力　部）}$$

$$\frac{145,000\text{円}}{50\% + 30\% + 10\% + 10\%} \times 10\% = 14,500\text{円（工場事務部）}$$

②動力部

$$\frac{150,000\,円}{40\% + 40\% + 10\% + 10\%} \times 40\% = 60,000\,円(機械加工部)$$

$$\frac{150,000\,円}{40\% + 40\% + 10\% + 10\%} \times 40\% = 60,000\,円(組\quad 立\quad 部)$$

$$\frac{150,000\,円}{40\% + 40\% + 10\% + 10\%} \times 10\% = 15,000\,円(材料倉庫部)$$

$$\frac{150,000\,円}{40\% + 40\% + 10\% + 10\%} \times 10\% = 15,000\,円(工場事務部)$$

③工場事務部

$$\frac{140,000\,円}{30\% + 30\% + 10\% + 30\%} \times 30\% = 42,000\,円(機械加工部)$$

$$\frac{140,000\,円}{30\% + 30\% + 10\% + 30\%} \times 30\% = 42,000\,円(組\quad 立\quad 部)$$

$$\frac{140,000\,円}{30\% + 30\% + 10\% + 30\%} \times 10\% = 14,000\,円(材料倉庫部)$$

$$\frac{140,000\,円}{30\% + 30\% + 10\% + 30\%} \times 30\% = 42,000\,円(動\quad 力\quad 部)$$

(2)第2次配賦（補助部門間の用役の提供を考慮しない）
①材料倉庫部

$$\frac{15,000\,円 + 14,000\,円}{50\% + 30\%} \times 50\% = 18,125\,円(機械加工部)$$

$$\frac{15,000\,円 + 14,000\,円}{50\% + 30\%} \times 30\% = 10,875\,円(組\quad 立\quad 部)$$

②動力部

$$\frac{14,500\,円 + 42,000\,円}{40\% + 40\%} \times 40\% = 28,250\,円(機械加工部)$$

$$\frac{14,500\,円 + 42,000\,円}{40\% + 40\%} \times 40\% = 28,250\,円(組\quad 立\quad 部)$$

③工場事務部

$$\frac{14,500\,円 + 15,000\,円}{30\% + 30\%} \times 30\% = 14,750\,円(機械加工部)$$

$$\frac{14,500\,円 + 15,000\,円}{30\% + 30\%} \times 30\% = 14,750\,円(組\quad 立\quad 部)$$

(3)製造部門費の集計

機械加工部　530,000円 + 72,500円 + 60,000円 + 42,000円 + 18,125円
　　　　　　+ 28,250円 + 14,750円 = 765,625円

組　立　部　380,000円 + 43,500円 + 60,000円 + 42,000円 + 10,875円
　　　　　　+ 28,250円 + 14,750円 = 579,375円

2．勘定連絡

　1．の計算結果に従って仕訳を行います。勘定の流れは以下のようになります。

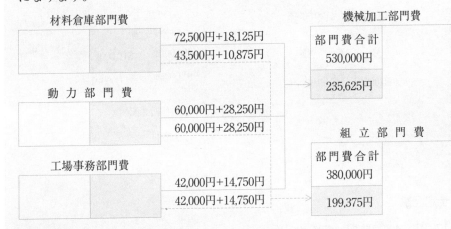

テキスト p.11-8
参照

製造間接費の部門別予定配賦

問題 3　部門別計算の仕訳

解答

（単位：円）

	借方科目	金額	貸方科目	金額
①	仕 掛 品	1,241,000	甲製造部門費	731,000
			乙製造部門費	510,000
②	甲製造部門費	600,000	材 料	500,000
	乙製造部門費	440,000	賃 金	310,000
	動力部門費	120,000	経 費	440,000
	修繕部門費	90,000		
③	甲製造部門費	129,000	動力部門費	120,000
	乙製造部門費	81,000	修繕部門費	90,000
④	甲製造部門費	2,000	製造部門費配賦差異	2,000
	製造部門費配賦差異	11,000	乙製造部門費	11,000

　本問は、製造間接費の予定配賦を行っている場合の部門別計算の仕訳を問う問題です。勘定への記入順序は大切なものですから、必ず覚えるようにしましょう。

1. 勘定連絡 （①〜④の番号は解答の仕訳の番号に対応しています）

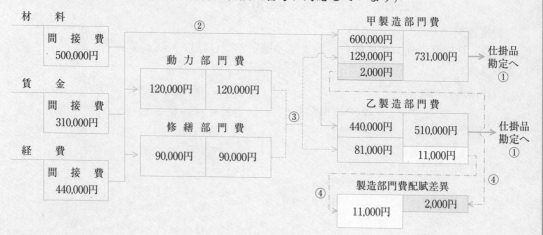

材　　料		
間　接　費		
500,000円		

賃　　金		
間　接　費		
310,000円		

経　　費		
間　接　費		
440,000円		

動 力 部 門 費	
120,000円	120,000円

修 繕 部 門 費	
90,000円	90,000円

②

③

甲 製 造 部 門 費	
600,000円	731,000円
129,000円	
2,000円	

仕掛品
勘定へ
①

乙 製 造 部 門 費	
440,000円	510,000円
81,000円	11,000円

仕掛品
勘定へ
①

④

製造部門費配賦差異	
11,000円	2,000円

④

2. 仕　訳

①製造部門費の予定配賦

　甲製造部　@170円 × 4,300時間 ＝ 731,000円

　乙製造部　@150円 × 3,400時間 ＝ 510,000円

　予定配賦額を仕掛品勘定に振り替えます。

②部門費の集計

　実際発生額を各部門へ配賦します。

③補助部門費の各製造部門への配賦

　動力部門費　　120,000円 × 55％ ＝ 66,000円（甲製造部）

　　　　　　　　120,000円 × 45％ ＝ 54,000円（乙製造部）

　修繕部門費　　90,000円 × 70％ ＝ 63,000円（甲製造部）

　　　　　　　　90,000円 × 30％ ＝ 27,000円（乙製造部）

④製造部門費配賦差異

　甲製造部門費　731,000円 − （600,000円 ＋ 129,000円） ＝ ＋2,000円
　　　　　　　　予定配賦額　　　　実際発生額　　　　　　　（有利差異）

　乙製造部門費　510,000円 − （440,000円 ＋ 81,000円） ＝ △11,000円
　　　　　　　　　　　　　　　　　　　　　　　　　　　　　（不利差異）

テキスト p.11-19 〜 11-20
参照

問題
4 部門別予定配賦率の計算①

解 答

製造間接費部門別配賦表 （単位：千円）

費 目 ＼ 部 門	組 立 部	塗 装 部	補 助 部
部 門 個 別 費	6,240	3,240	3,100
部 門 共 通 費	2,400	1,600	1,000
補 助 部 門 費	2,460	1,640	4,100
計	11,100	6,480	
予 定 配 賦 率	1,850円／時間	1,620円／時間	

解 説

　本問では、製造間接費の部門別予定配賦を行う場合の予定配賦率を算定します。製造部門費の実際発生額を求めるときと同様に予算額を求め、これを予定配賦基準数値で除して予定配賦率を求める手順をマスターしてください。

1．部門共通費の配賦

$$\frac{5,000\ 千円}{960\ ㎡ + 640\ ㎡ + 400\ ㎡} \times 960\ ㎡ = 2,400\ 千円（組立部）$$

$$\frac{5,000\ 千円}{960\ ㎡ + 640\ ㎡ + 400\ ㎡} \times 640\ ㎡ = 1,600\ 千円（塗装部）$$

$$\frac{5,000\ 千円}{960\ ㎡ + 640\ ㎡ + 400\ ㎡} \times 400\ ㎡ = 1,000\ 千円（補助部）$$

2．補助部門費の製造部門への配賦

$$\frac{3,100\ 千円 + 1,000\ 千円}{6,000\ 時間 + 4,000\ 時間} \times 6,000\ 時間 = 2,460\ 千円（組立部）$$

$$\frac{3,100\ 千円 + 1,000\ 千円}{6,000\ 時間 + 4,000\ 時間} \times 4,000\ 時間 = 1,640\ 千円（塗装部）$$

3．製造部門費の予定配賦率の算定[01]

(1)組立部

予定配賦率　（6,240千円 + 2,400千円 + 2,460千円）÷ 6,000時間
　　　　　　＝＠ 1,850円

(2)塗装部

予定配賦率　（3,240千円 + 1,600千円 + 1,640千円）÷ 4,000時間
　　　　　　＝＠ 1,620円

01)
予定配賦率の算定は、実際の生産活動前に行うため、予定操業度で割って計算します。

テキスト p.11-15
参照

問題 5 部門別配賦

解 答

問1

受注品 X	4,980 円
受注品 Y	1,920 円

問2

ウ

解 説

問1　部門別予定配賦率を用いた製造間接費の配賦

(1)部門別予定配賦率の算定

機械加工部門：3,600,000 円 ÷ 2,400 時間 ＝@ 1,500 円

組 立 部 門： 480,000 円 ÷ 1,000 時間 ＝@　480 円

(2)製品別の製造間接費配賦額

受注品 X：@ 1,500 円 × 3 時間 ＋@ 480 円 × 1 時間 ＝ 4,980 円

受注品 Y：@ 1,500 円 × 0 時間 ＋@ 480 円 × 4 時間 ＝ 1,920 円

問2　部門別予定配賦の特徴

　製造間接費は労働に対する対価のみで構成されているわけではありません。

　また、製造間接費は、その費用により便益（サービス）を受けることができる部門に負担させるのが適当といえます。

テキスト p.11-17
参照

問題 6 部門別予定配賦率の計算②

解答

製造間接費部門別配賦表 （単位：千円）

費目＼部門	組　立　部	仕　上　部	補　助　部
部 門 個 別 費	4,860	1,660	3,800
部 門 共 通 費	1,500	900	600
補 助 部 門 費	2,640	1,760	4,400
計	9,000	4,320	
予 定 配 賦 率	2,500円／時間	1,800円／時間	

解説

　製造間接費の部門別予定配賦を行う場合の予定配賦率を算定する問題です。

1．部門共通費の配賦[02]

$$\frac{3,000\ 千円}{5 + 3 + 2} \times 5 = 1,500\ 千円（組立部）$$

$$\frac{3,000\ 千円}{5 + 3 + 2} \times 3 = 900\ 千円（仕上部）$$

$$\frac{3,000\ 千円}{5 + 3 + 2} \times 2 = 600\ 千円（補助部）$$

2．補助部門費の製造部門への配賦

$$\frac{3,800\ 千円 + 600\ 千円}{3,600\ 時間 + 2,400\ 時間} \times 3,600\ 時間 = 2,640\ 千円（組立部）$$

$$\frac{3,800\ 千円 + 600\ 千円}{3,600\ 時間 + 2,400\ 時間} \times 2,400\ 時間 = 1,760\ 千円（仕上部）$$

3．製造部門費の予定配賦率の算定[03]

(1)組立部

予定配賦率（4,860 千円 + 1,500 千円 + 2,640 千円）÷ 3,600 時間

＝ @ 2,500 円

(2)仕上部

予定配賦率（1,660 千円 + 900 千円 + 1,760 千円）÷ 2,400 時間

＝ @ 1,800 円

02)
問題文の指示に従い、5：3：2の割合であん分します。

03)
予定配賦率の算定は実際の生産活動前に行うため、予定操業度（本問は予定機械加工時間）を使用して算定します。

テキスト p.11-15
参照

解答

組立部門費　（単位：千円）		
製造間接費（ 1,800 ）	仕 掛 品（ 2,000 ）
動力部門費（ 120 ）	
修繕部門費（ 10 ）	
工場事務部門費（ 17.5 ）	
原 価 差 異（ 52.5 ）	
（ 2,000 ）	（ 2,000 ）

仕上部門費　（単位：千円）	
製造間接費（ 1,608 ）	仕 掛 品（ 1,800 ）
動力部門費（ 250 ）	原 価 差 異（ 92 ）
修繕部門費（ 12 ）	
工場事務部門費（ 22 ）	
（ 1,892 ）	（ 1,892 ）

動力部門費　（単位：千円）	
製造間接費（ 370 ）	諸　　口（ 370 ）

修繕部門費　（単位：千円）	
製造間接費（ 22 ）	諸　　口（ 22 ）

工場事務部門費　（単位：千円）	
製造間接費（ 39.5 ）	諸　　口（ 39.5 ）

解説

1．製造間接費の予定配賦

組立部：＠4千円 × 500時間 ＝ 2,000千円
仕上部：＠6千円 × 300時間 ＝ 1,800千円

2．製造間接費の実際発生額（製造間接費部門別配賦表・直接配賦法）

（単位：千円）

費　目	配賦基準	合　計	製造部門		補助部門		
			組立部	仕上部	動力部	修繕部	工場事務部
個別費・共通費合計		3,839.5	1,800	1,608	370	22	39.5
動力部門費	電力消費量	370	120	250			
修繕部門費	修繕時間数	22	10	12			
工場事務部門費	従業員数	39.5	17.5	22			
製造部門費		3,839.5	1,947.5	1,892			

(1)動力部門費（配賦基準：電力消費量）

$$\frac{370千円}{120kWh + 250kWh} \times 120kWh = 120千円（組立部）$$

$$\frac{370千円}{120kWh + 250kWh} \times 250kWh = 250千円（仕上部）$$

(2)修繕部門費（配賦基準：修繕時間数）

$$\frac{22千円}{25h + 30h} \times 25h = 10千円（組立部）$$

$$\frac{22千円}{25h + 30h} \times 30h = 12千円（仕上部）$$

(3)工場事務部門費（配賦基準：従業員数）

$$\frac{39.5\text{ 千円}}{35\text{ 人} + 44\text{ 人}} \times 35\text{ 人} = 17.5\text{ 千円 （組立部）}$$

$$\frac{39.5\text{ 千円}}{35\text{ 人} + 44\text{ 人}} \times 44\text{ 人} = 22\text{ 千円 （仕上部）}$$

(4)製造部門費の集計

組立部：1,800 千円 +120 千円 +10 千円 +17.5 千円 = 1,947.5 千円

仕上部：1,608 千円 +250 千円 +12 千円 +22 千円 = 1,892 千円

3．原価差異

組立部：2,000 千円 − 1,947.5 千円 = 52.5 千円（有利差異）

仕上部：1,800 千円 − 1,892 千円 = △ 92 千円（不利差異）

テキスト p.11-15
参照

コラム　**解答用紙は、間違えるための場所**

「考えたけどわからなかった」というときに、解答用紙を白紙のままにしてしまう人がいます。これは、とってももったいないことです。

せっかく考えたことで、答えにまでして文字にさえ残しておけば、それが当たれば嬉しくて記憶に残るし、外れれば間違えたところとして記録に残せる。どちらにしても、勉強が進みます。

ですから「解答用紙は、間違えるための場所」と決め込んで、思いついた答えはジャンジャン書いていくようにしましょう。合格への近道です。

解答

(1)

部 門 費 振 替 表　　　　　　　　　　　（単位：円）

摘　　要	合　　計	第1製造部門	第2製造部門	A補助部門	B補助部門
部門個別費					
間接材料費	872,100	493,900	297,200	56,300	24,700
間接労務費	553,200	313,200	160,500	57,700	21,800
間接経費	499,700	249,700	174,200	47,200	28,600
部門共通費配賦額	458,000	206,100	183,200	45,800	22,900
部門費合計	2,383,000	1,262,900	815,100	207,000	98,000
作業くず評価額	7,000	3,000	4,000	—	—
差引計	2,376,000	1,259,900	811,100	207,000	98,000
A補助部門費	207,000	82,800	124,200		
B補助部門費	98,000	44,100	53,900		
実際発生額	2,376,000	1,386,800	989,200		
予定配賦額	2,373,600	1,374,600	999,000		
部門費差異	(－) 2,400	(－) 12,200	(＋) 9,800		

部門費差異の行の（　）内には、借方差異ならば－を、貸方差異ならば＋を記入しなさい。

(2)

第1製造部門費

製造間接費	(1,262,900)	(仕　掛　品)	(1,374,600)
A補助部門費	(82,800)	作業くず	(3,000)
(B補助部門費)	(44,100)	部門費差異	(12,200)
	(1,389,800)		(1,389,800)

A補助部門費

(製造間接費)	(207,000)	第1製造部門費	(82,800)
		(第2製造部門費)	(124,200)
	(207,000)		(207,000)

仕　掛　品

前 月 繰 越	(772,600)	仕　掛　品	(80,800)
材　　　料	(1,305,400)	(製　　品)	(3,599,900)
賃 金 給 料	(741,200)	作 業 く ず	(30,400)
経　　　費	(96,700)	次 月 繰 越	(1,659,200)
第1製造部門費	(1,374,600)		
第2製造部門費	(999,000)		
(仕　掛　品)	(80,800)		
	(5,370,300)		(5,370,300)
前 月 繰 越	(1,659,200)		

製　　　品

前 月 繰 越	(1,758,200)	(売 上 原 価)	(3,556,300)
(仕 掛 品)	(3,599,900)	次 月 繰 越	(1,801,800)
	(5,358,100)		(5,358,100)
前 月 繰 越	(1,801,800)		

(3)

指図書別原価計算表　　　　　　　　（単位：円）

摘　要	指図書＃34	指図書＃35	指図書＃36	指図書＃34-R1	合　計
月初仕掛品原価	772,600	－	－	－	772,600
直 接 材 料 費	178,500	572,600	529,800	24,500	1,305,400
直 接 労 務 費	138,200	248,000	338,300	16,700	741,200
直 接 経 費	20,900	31,100	44,700	－	96,700
第1製造部門費	304,500	600,300	452,400	17,400	1,374,600
第2製造部門費	310,800	362,600	303,400	22,200	999,000
小　計	1,725,500	1,814,600	1,668,600	80,800	5,289,500
補 修 費	80,800	－	－	△80,800	0
合　計	1,806,300	1,814,600	1,668,600	0	5,289,500
作業くず評価額	8,200	12,800	9,400	－	30,400
差 引 計	1,798,100	1,801,800	1,659,200	0	5,259,100
備　考	完　成	完　成	仕掛中	＃34へ賦課	

解説

　個別原価計算とは、注文に応じて製品を個別的に生産する生産形態において適用される方法で、製品原価は特定製造指図書に集計します。

　また、部門別計算とは、工場を原価部門に分けて、製造間接費を原価部門ごとに配賦する方法です。原価部門は、①製造部門と②補助部門に分けることができます。

〔手続きの流れ〕
①製造直接費の各指図書への賦課　②製造間接費の部門別計算
③製造間接費の各指図書への配賦　④作業くず、仕損費（補修にかかった原価）の処理　⑤各指図書ごとの原価の集計

1．勘定の流れの把握

　部門別計算を採用した個別原価計算における勘定の流れは、おおむね次のようになります。

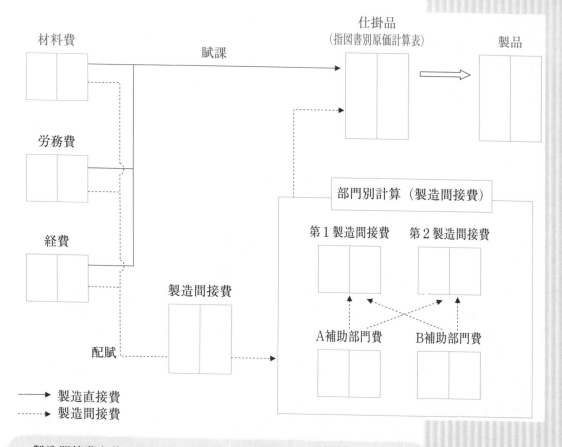

材料費

労務費

経費

賦課

製造間接費

配賦

仕掛品
(指図書別原価計算表)

製品

部門別計算（製造間接費）

第1製造間接費　　第2製造間接費

A補助部門費　　　B補助部門費

⟶　製造直接費
----→　製造間接費

　製造間接費を第1製造部門費勘定、第2製造部門費勘定から仕掛品勘定へ配賦するときは、資料9.より予定配賦することがわかります。
　　第1製造部門費の予定配賦率：¥16,530,000÷19,000時間
　　＝@¥870
　　第2製造部門費の予定配賦率：¥11,840,000÷16,000時間
　　＝@¥740

　それぞれの配賦率に、各製造指図書の実際直接作業時間（資料9②）を乗じて、指図書ごとの製造部門費を計算します。
　　指図書#34の第1製造部門費：@¥870×350時間＝¥304,500
　　指図書#35の第1製造部門費：@¥870×690時間＝¥600,300
　　指図書#36の第1製造部門費：@¥870×520時間＝¥452,400
　　指図書#34-R1の第1製造部門費：@¥870×20時間＝¥17,400
　　指図書#34の第2製造部門費：@¥740×420時間＝¥310,800
　　指図書#35の第2製造部門費：@¥740×490時間＝¥362,600
　　指図書#36の第2製造部門費：@¥740×410時間＝¥303,400
　　指図書#34-R1の第2製造部門費：@¥740×30時間＝¥22,200

　これらの製造部門費の予定配賦額と、製造部門費の実際発生額との差額が部門費差異になります。また、指図書別原価計算表は、仕掛品勘定の内訳を表にしたものとみることができます。作業くずや仕損費の処理方法は問題によって異なりますが、指図書別原価計算表と仕掛品勘定では常に対応しています。

2．補助部門費の配賦計算

個別原価計算における補助部門費の配賦計算には直接配賦法、相互配賦法、階梯式配賦法などいくつかありますが、本問においては問題文（資料8.）より直接配賦法で配賦する以外にないので、直接配賦法で処理するものと考えます。

第1製造部門へ配賦されるA補助部門費：¥207,000 × 40%
= ¥82,800

第2製造部門へ配賦されるA補助部門費：¥207,000 × 60%
= ¥124,200

第1製造部門へ配賦されるB補助部門費：¥98,000 × 45%
= ¥44,100

第2製造部門へ配賦されるB補助部門費：¥98,000 × 55%
= ¥53,900

3．作業くずの処理

問題文に「作業くずについては、各指図書および各部門費から、それぞれの評価額を控除する」とあります。そこで、指図書に対応している作業くず評価額は指図書別原価計算表（仕掛品勘定）から控除し、部門費に対応している作業くず評価額は各部門費（製造間接費）から控除します。

4．仕損費の処理

補修のために補修指図書を発行する場合には、補修指図書に集計された製造原価が仕損費となります。

補修指図書♯34-R1に集計された製造原価は、指図書別原価計算表♯34に賦課します。

テキスト p.11-20
参照

理論問題対策

第1問 次の原価計算基準の文章の（ア）から（ク）の中にあてはまる語を、下記の語群から選び、その番号を書きなさい。

1. 製品原価と（　ア　）との範囲の区別は相対的であるが、通常、売上品および（　イ　）の価額を構成する全部の（　ウ　）を製品原価とし、販売費および一般管理費は、これを（　ア　）とする。

2. 材料の実際の消費量は、原則として（　エ　）によって計算する。ただし、材料であって、その消費量を（　エ　）によって計算することが困難なもの又はその必要のないものについては、（　オ　）を適用することができる。

3. 原価部門とは、原価の発生を（　カ　）別、責任区分別に管理するとともに、製品原価の計算を正確にするために、原価要素を（　キ　）集計する計算組織上の区分をいい、これを諸製造部門と諸（　ク　）部門とに分ける。

1	補　　　助	2	たな卸資産	3	売上原価	4	作業時間法	5	分　　　類	6	形　　　態	7	製造原価
8	実際原価	9	仕掛品	10	機　　　能	11	たな卸計算法	12	期間原価	13	継続記録法	14	計　　　算

ア	イ	ウ	エ	オ	カ	キ	ク

第2問 次の原価計算基準の文章の（ア）から（ク）の中にあてはまる語を、下記の語群から選び、その番号を書きなさい。

1. 実際原価は、厳密には実際の（　ア　）をもって計算した原価の実際（　イ　）であるが、原価を予定価格等をもって計算しても、（　ウ　）を実際によって計算する限り、それは実際原価の計算である。

2. 原価要素は、これを原価部門に（　エ　）するに当たり、当該部門において発生したことが直接的に（　オ　）されるかどうかによって、部門（　カ　）と部門共通費とに分類する。

3. 原価の製品別計算とは、原価要素を一定の（　キ　）に集計し、単位製品の製造原価を算定する手続をいい、原価計算における（　ク　）の計算段階である。

1	第　一　次	2	消費量	3	配　　　賦	4	分類集計	5	発　生　額	6	購　入　額	7	個別費
8	販売価格	9	工　　　程	10	取得価格	11	製品単位	12	第　二　次	13	認　　　識	14	第　三　次

ア	イ	ウ	エ	オ	カ	キ	ク

第3問 次の原価計算基準の文章の（ア）から（ク）の中にあてはまる語を、下記の語群から選び、その番号を書きなさい。

1. 標準原価計算（ ア ）は、製品の標準原価を計算し、これを財務会計の主要（ イ ）に組み入れ、製品原価の計算と財務会計とが、標準原価をもって有機的に（ ウ ）する原価計算（ ア ）である。

2. 原価の部門別計算とは、（ エ ）別計算においては握された原価要素を、原価部門別に（ オ ）集計する手続をいい、原価計算における（ カ ）の計算段階である。

3. 個別原価計算にあっては、（ キ ）製造指図書について個別的に（ ク ）および間接費を集計し、製品原価は、これを当該指図書に含まれる製品の生産完了時に算定する。

1	個 別 費	2	第 三 次	3	特　　定	4	仕　　訳	5	第 二 次	6	直 接 費	7	慣　　習
8	帳　　簿	9	費　　目	10	第 一 次	11	分　　類	12	制　　度	13	継　　続	14	結　　合

ア	イ	ウ	エ	オ	カ	キ	ク

第4問 次の原価計算基準の文章の（ア）から（ク）の中にあてはまる語を、下記の語群から選び、その番号を書きなさい。

1. 原価計算制度は、（ ア ）の作成、原価管理、（ イ ）統制等の異なる目的が、重点の相違はあるが相ともに達成されるべき一定の計算秩序である。

2. 直接賃金等であって、（ ウ ）又は作業量の測定を行なう（ エ ）は、実際の（ ウ ）又は作業量に（ オ ）を乗じて計算する。

3. 組別総合原価計算にあっては、一期間の（ カ ）費用を組直接費と組間接費又は原料費と加工費とに分け、個別原価計算に準じ、組直接費又は原料費は、各組の製品に（ キ ）し、組間接費又は加工費は、適当な（ ク ）基準により各組に（ ク ）する。

1	賃　　率	2	期　　間	3	予　　算	4	あん分	5	労 務 費	6	消費価格	7	賦　　課
8	原価元帳	9	配　　賦	10	作業時間	11	製　　造	12	物　　価	13	財務諸表	14	生 産 量

ア	イ	ウ	エ	オ	カ	キ	ク

第5問 次の原価計算基準の文章の（ア）から（ク）の中にあてはまる語を、下記の語群から選び、その番号を書きなさい。

1．原価計算制度において、原価とは、（　ア　）における一定の給付にかかわらせて、は握された（　イ　）又は用役の消費を、（　ウ　）価値的に表わしたものである。

2．原価の費目別計算とは、一定（　エ　）における原価要素を費目別に分類（　オ　）する手続をいい、財務会計における（　カ　）計算であると同時に、原価計算における第一次の計算段階である。

3．総合原価計算において、副産物が生ずる場合には、その価額を算定して、これを主産物の（　キ　）原価から控除する。副産物とは、主産物の製造過程から必然に（　ク　）する物品をいう。

1	製　　品	2	費　　用	3	直　　接	4	期　　間	5	財　　貨	6	間　　接	7	総　　合
8	貨　　幣	9	認　　識	10	経　　営	11	派　　生	12	単　　位	13	測　　定	14	物　　量

ア	イ	ウ	エ	オ	カ	キ	ク

第6問 次の原価計算基準の文章の（ア）から（ク）の中にあてはまる語を、下記の語群から選び、その番号を書きなさい。

1．実際原価計算制度は、製品の実際原価を計算し、これを財務会計の（　ア　）に組み入れ、製品原価の計算と財務会計とが、実際原価をもって有機的に（　イ　）する原価計算制度である。

2．補助部門とは、（　ウ　）部門に対して補助的関係にある部門をいい、これを補助（　エ　）部門と（　オ　）部門とに分け、さらに機能の種類別等にしたがって、これを各種の部門に分ける。

3．総合原価計算において、製造工程が（　カ　）以上の連続する工程に分けられ、工程ごとにその工程製品の総合原価を計算する場合には、一工程から次工程へ振り替えられた工程製品の総合原価を、（　キ　）又は原料費として次工程の（　ク　）に加算する。

1	補助記入帳	2	加工費	3	製　　品	4	前工程費	5	一	6	主要帳簿	7	経　　営
8	製造費用	9	製　　造	10	二	11	結　　合	12	工場管理	13	副産物	14	仕掛品

ア	イ	ウ	エ	オ	カ	キ	ク

第7問 次の原価計算基準の文章の（ア）から（ク）の中にあてはまる語を、下記の語群から選び、その番号を書きなさい。

1．実際原価の計算においては、製造原価は、原則として、その実際（　ア　）額を、まず費目別に計算し、次いで（　イ　）別に計算し、最後に（　ウ　）別に集計する。

2．経費とは、（　エ　）、労務費以外の原価要素をいい、減価償却費、たな卸減耗費および福利施設負担額、賃借料、修繕料、電力料、旅費交通費等の諸（　オ　）経費に細分する。

3．連産品とは、同一（　カ　）において同一原料から生産される（　キ　）の製品であって、相互に（　ク　）を明確に区別できないものをいう。

1	測　　定	2	主　　副	3	製造部門	4	異　　種	5	材料費	6	間接費	7	原価部門
8	同　　種	9	製　　品	10	支　　払	11	直接費	12	発　　生	13	工　程	14	月　　割

ア	イ	ウ	エ	オ	カ	キ	ク

第8問 次の原価計算基準の文章の（ア）から（ク）の中にあてはまる語を、下記の語群から選び、その番号を書きなさい。

1．企業の原価計算制度は、（　ア　）の原価を確定して（　イ　）の作成に役立つとともに、原価を分析し、これを（　ウ　）に提供し、もって業務計画および原価管理に役立つことが必要とされている。

2．製品原価と（　エ　）との範囲の区別は相対的であるが、通常、売上品および（　オ　）の価額を構成する全部の製造原価を製品原価とし、販売費および一般管理費は、これを（　エ　）とする。

3．等級別総合原価計算にあっては、各等級製品について適当な（　カ　）を定め、一期間における（　キ　）の総合原価又は一期間の製造費用を（　カ　）に基づき各等級製品に（　ク　）してその製品原価を計算する。

1	実　　際	2	あん分	3	原価計算表	4	たな卸資産	5	経営管理者	6	営業費用	7	等価係数
8	財務諸表	9	賦　　課	10	完成品	11	配賦率	12	期間原価	13	真　　実	14	予　　算

ア	イ	ウ	エ	オ	カ	キ	ク

第9問 次の原価計算基準の文章の（ア）から（ク）の中にあてはまる語を、下記の語群から選び、その番号を書きなさい。

1. 標準原価計算制度は、必要な計算段階において（ ア ）を計算し、これと標準との（ イ ）を分析し、（ ウ ）する計算体系である。

2. 製品との関連における分類とは、製品に対する原価発生の態様、すなわち原価の発生が（ エ ）の製品の生成に関して直接的に認識されるかどうかの性質上の区別による分類であり、原価要素は、この分類基準によってこれを直接費と（ オ ）とに分類する。

3. 原価部門とは、原価の発生を機能別、（ カ ）区分別に管理するとともに、（ キ ）の計算を正確にするために、原価要素を分類集計する計算組織上の区分をいい、これを諸製造部門と諸（ ク ）とに分ける。

1	予定原価	2	管　　理	3	間 接 費	4	補助部門	5	実際原価	6	部門共通費	7	報　　告
8	責　　任	9	差　　異	10	標準価格	11	製品原価	12	作　　成	13	一定単位	14	部門原価

ア	イ	ウ	エ	オ	カ	キ	ク

第10問 次の原価計算基準の文章の（ア）から（ク）の中にあてはまる語を、下記の語群から選び、その番号を書きなさい。

1. 実際原価は、厳密には実際の（ ア ）をもって計算した原価の実際発生額であるが、原価を（ イ ）等をもって計算しても、（ ウ ）を実際によって計算する限り、それは実際原価の計算である。

2. 原価要素は、これを原価部門に（ エ ）するに当たり、当該部門において発生したことが直接的に認識されるかどうかによって、部門（ オ ）と部門共通費とに分類する。

3. 原価の製品別計算とは、原価要素を一定の（ カ ）に集計し、単位製品の（ キ ）を算定する手続をいい、原価計算における（ ク ）の計算段階である。

1	消 費 量	2	間 接 費	3	第 二 次	4	取得価格	5	分類集計	6	製品単位	7	直 接 費
8	製造原価	9	予定原価	10	賦　　課	11	個 別 費	12	第 三 次	13	配　　賦	14	数　　量

ア	イ	ウ	エ	オ	カ	キ	ク

第11問 次の原価計算基準の文章の（ア）から（ク）の中にあてはまる語を、下記の語群から選び、その番号を書きなさい。

1. 原価の製品別計算とは、原価要素を一定の（　ア　）に集計し、単位製品の（　イ　）を算定する手続をいい、原価計算における（　ウ　）の計算段階である。

2. 等級別総合原価計算は、（　エ　）工程において、（　オ　）製品を連続生産するが、その製品を形状、大きさ、品位等によって等級に区別する場合に適用する。

3. 組別総合原価計算にあっては、一期間の製造費用を（　カ　）と組間接費又は原料費と加工費とに分け、（　キ　）原価計算に準じ、（　カ　）又は原料費は、各組の製品に賦課し、組間接費又は加工費は、適当な（　ク　）基準により各組に（　ク　）する。

1	配　　賦	2	第 二 次	3	同　　種	4	部 門 費	5	個　　別	6	製造原価	7	複　　数
8	異　　種	9	組直接費	10	集　　計	11	製品単位	12	勘　　定	13	同　　一	14	第 三 次

ア	イ	ウ	エ	オ	カ	キ	ク

解　答

第1問

ア	イ	ウ	エ	オ	カ	キ	ク
12	2	7	13	11	10	5	1

1. 原価計算基準四（二）より
2. 原価計算基準一一（二）より
3. 原価計算基準一六より

第2問

ア	イ	ウ	エ	オ	カ	キ	ク
10	5	2	4	13	7	11	14

1. 原価計算基準四（一）1より
2. 原価計算基準一七より
3. 原価計算基準一九より

第3問

ア	イ	ウ	エ	オ	カ	キ	ク
12	8	14	9	11	5	3	6

1．原価計算基準二より
2．原価計算基準一五
3．原価計算基準三一より

第4問

ア	イ	ウ	エ	オ	カ	キ	ク
13	3	10	5	1	11	7	9

1．原価計算基準二より
2．原価計算基準一二(一)より
3．原価計算基準二三より

第5問

ア	イ	ウ	エ	オ	カ	キ	ク
10	5	8	4	13	2	7	11

1．原価計算基準三より
2．原価計算基準九より
3．原価計算基準二八より

第6問

ア	イ	ウ	エ	オ	カ	キ	ク
6	11	9	7	12	10	4	8

1．原価計算基準二より
2．原価計算基準一六(二)より
3．原価計算基準二五より

第7問

ア	イ	ウ	エ	オ	カ	キ	ク
12	7	9	5	10	13	4	2

1．原価計算基準七より
2．原価計算基準八(一)より
3．原価計算基準二九より

第8問

ア	イ	ウ	エ	オ	カ	キ	ク
13	8	5	12	4	7	10	2

1．原価計算基準の設定についてより
2．原価計算基準四(二)より
3．原価計算基準二二より

第9問

ア	イ	ウ	エ	オ	カ	キ	ク
5	9	7	13	3	8	11	4

1．原価計算基準二より
2．原価計算基準八(三)より
3．原価計算基準一六より

第10問

ア	イ	ウ	エ	オ	カ	キ	ク
4	9	1	5	11	6	8	12

1．原価計算基準四(一)1より
2．原価計算基準一七より
3．原価計算基準一九より

第11問

ア	イ	ウ	エ	オ	カ	キ	ク
11	6	14	13	3	9	5	1

1．原価計算基準一九より
2．原価計算基準二二より
3．原価計算基準二三より

■監修

田坂 公（タサカ コウ）

　福岡大学教授

　長崎県出身

　中央大学商学部会計学科卒業

　博士（経営学）専修大学

　1988年～2010年　資格の学校TACなどで簿記講師を歴任

　2014年～2018年　金融庁・公認会計士試験委員（管理会計論）

　2022年～　金融庁・公認会計士試験専門委員（管理会計論）

　趣味　ボーカル・トレーニング

■編著

　桑原 知之（ネットスクール株式会社）

■制作スタッフ

　藤巻健二　中嶋典子　石川祐子　吉永絢子　吉川史織

■表紙デザイン

　株式会社スマートゲート

本書の発行後に公表された法令等及び試験制度の改正情報、並びに判明した誤りに関する訂正情報については、弊社 WEB サイト内の『読者の方へ』にてご案内しておりますので、ご確認下さい。

https://www.net-school.co.jp/

なお、万が一、誤りではないかと思われる箇所のうち、弊社 WEB サイトにて掲載がないものにつきましては、**書名（ＩＳＢＮコード）と誤りと思われる内容**のほか、お客様の**お名前及びご連絡先（電話番号）**を明記の上、弊社まで**郵送または e-mail** にてお問い合わせ下さい。

＜郵送先＞　〒101－0054

　　　　　　東京都千代田区神田錦町 3－23 メットライフ神田錦町ビル 3 階

　　　　　　ネットスクール株式会社　正誤問い合わせ係

＜e-mail＞　seisaku@net-school.co.jp

※正誤に関するもの以外のご質問、本書に関係のないご質問にはお答えできません。
※**お電話によるお問い合わせはお受けできません。**ご了承下さい。
※回答及び内容確認のためにお電話を差し上げることがございますので、必ずご連絡先をお書きください。

全経　簿記能力検定試験　公式問題集　1級原価計算・管理会計

2024年3月19日　初　版　第1刷発行

監 修 者　田　　坂　　　公
編 著 者　桑　　原　　知　之
発 行 者　桑　　原　　知　之
発 行 所　ネ ッ ト ス ク ー ル 株 式 会 社
　　　　　　　　　　出　版　本　部
　　　　　〒101-0054　東京都千代田区神田錦町3-23
　　　　　電話　03（6823）6458（営業）
　　　　　FAX　03（3294）9595
　　　　　https://www.net-school.co.jp/
ＤＴＰ制作　ネ ッ ト ス ク ー ル 株 式 会 社
印刷・製本　日 経 印 刷 株 式 会 社

© Net-School 2024　　Printed in Japan　　ISBN 978-4-7810-0366-5

落丁・乱丁本はお取替えいたします。